职场表达力

从小白到精英的沟通精进指南

周子宸 著

中国经济出版社

图书在版编目（CIP）数据

职场表达力：从小白到精英的沟通精进指南 / 周子宸著 .
-- 北京：中国经济出版社，2020.6
ISBN 978-7-5136-6169-0

Ⅰ . ①职… Ⅱ . ①周… Ⅲ . ①人际关系学 Ⅳ . ① C912.11

中国版本图书馆 CIP 数据核字（2020）第 081832 号

责任编辑　张梦初　陈宇慧　戴　瑛
责任印刷　巢新强
封面设计　卓义云天

出版发行　中国经济出版社
印 刷 者　北京富泰印刷有限责任公司
经 销 者　各地新华书店
开　　本　710mm × 1000mm　1/16
印　　张　16.25
字　　数　210 千字
版　　次　2020 年 6 月第 1 版
印　　次　2020 年 6 月第 1 次
定　　价　58.00 元
广告经营许可证　京西工商广字第 8179 号

中国经济出版社　**网址** www. economyph. com **社址** 北京市东城区安定门外大街 58 号 **邮编** 100011
本版图书如存在印装质量问题，请与本社销售中心联系调换（联系电话：010－57512564）

推荐序

千百年来，在人类文明进步的历史长河中，总会在不同的时期涌现出一批星光熠熠、光芒万丈的伟大人物。他们之所以伟大，不仅在于他们高尚的品格和卓越的洞见，更在于他们在历史转折的关键性时刻发出了自己的声音——这不是一种转瞬即逝的回响，而是振聋发聩的时代强音。他们的思想博大深邃，给后世以深深的启迪；他们的精神万人传颂，激励来者追随他的脚步……从大历史碾过的痕迹来看，他们确实改变了人类的文明进程。

譬如，“轴心时代”的古希腊先哲、先秦时期的诸子百家；领导美国打赢独立战争的立国先贤们；为维护祖国统一而奋斗的亚伯拉罕·林肯、孙中山；二战时期为自由而战的丘吉尔、罗斯福、戴高乐；致力于为黑人争取平等权利的马丁·路德·金、曼德拉；女权运动先驱者苏珊·布朗奈尔·安东尼、克拉拉·蔡特金……

如果我们仔细观察，其实很容易发现，这些卓越领导者身上都具备一种共同的特质——卓越的表达能力。古希腊雄辩家德摩斯梯尼说，“辞令的灵魂就是行动、行动、再行动”。

在当前的新媒体环境下，信息传播变得越来越“去中心化”，人们的沟通方式发生了极大的改变。它打破了时间与空间的限制，赋予我们自由表达、平等交流的机会，个体价值由此得以彰显。借助于微博、微信、抖音等新媒体工具，我们可以随时随地地表达自己的主张、分享有价值的观点、聆听全世界的声音。

正因如此，我们看到越来越多的中国企业家频频出现在公众视野中，在各种公开场合宣传自己的企业，为自己的品牌代言。事实上，在当前的中国商业界，我们所熟悉的卓越领导者，几乎都是一流的演说家。

比如，马云奔波于全球各地，向国外首脑和商业领袖推销阿里的业务；雷军亲自主持小米的每场新品发布会；董明珠更是在各种场合不遗余力地宣传格力的产品；而此前一向低调的任正非，今年也频繁出现在媒体面前，畅谈华为的战略、规划与发展……

在注意力经济时代，企业家的言行举止代表着企业的文化愿景、使命和价值观，而企业家的演说能力成为衡量其领导力和公共形象的重要标志。因此，对于今天的领导者来说，必须善用演说的力量提升自己的人格魅力，塑造企业的良好形象。

得到 App 创始人罗振宇曾经说过：职场，或者说当代社会，最重要的能力就是表达能力。因为在未来社会最重要的资产，是影响力。诚然，在如今的职场环境下，无论是商务接待、客户拜访，还是公司会议、工作汇报，都离不开人与人的社交与表达。在工作的过程中，即便你有深邃的思想、敏锐的洞察、独特的创意主张，也需要借助语言的力量表达出来，才有可能得到领导的支持、同事的信任、下属的拥戴。

子宸创作的《职场表达力》一书，凝结了他在演说沟通培训领域多年的心血与实践经验。在本书中，子宸搭建了一套独特而完善的“五力模型”，即表达力、提问力、倾听力、反馈力、说服力，通过对求职面试、工作汇报、会议沟通、销售成交、优势谈判等具体职场情境地分析，手把手教你快速掌握高情商的职场沟通法则，成就自己的职场未来。

在《职场表达力》即将付梓之际，应子宸之邀，欣然为之序。

周道耀

2020 年 5 月 21 日

自 序

《职场表达力》是我创作的第一本书。本书自2018年3月开始创作，其间历经七八次修改、增删，至今已有两年的时间。坦白地说，这本书凝结了我多年演说生涯的培训经验以及我两年来的创作心血。在沉淀两年之后，本书终于付梓，即将与广大读者见面，此刻感慨良多！

作为一名长期致力于演说、沟通培训领域的实践者，我在职业生涯中曾接触过许多学员的案例，积累了大量的素材。按理说，创作这本书应该并不困难，然而在创作的过程中，我对自己的书稿内容依然感到不甚满意，于是不断地修缮、润色、推倒重来……历经反复！我总希望，这本书所涵盖的信息能够给职场人士尤其是初入职场的新人，带去一些切实有效的帮助。

在十多年的职业生涯中，我一直致力于探索人际表达、演说沟通方面的理论研究与实践创新。在授课培训的过程中，通过与许多学员的接触与沟通，我深深地理解他们在职场表达方面的困惑与痛点：

“为什么我废寝忘食，这么努力地工作，却始终没有得到升职加薪？”
“为什么我能力出众，做了所有的工作，却成为同事们孤立的对象？”
“为什么我加班熬夜，辛苦创造的成果，却被‘邀功精’同事抢走？”
“为什么我明明提出了许多中肯的建议，却没有被领导接受和采纳？”
“为什么同样是向领导汇报自己的工作，同事受表扬而我却被批评？”
……

相信对于大多数职场人，尤其是职场小白来说，或多或少面临着这样的焦虑：为什么我的工作付出与回报不成正比？难道我的职业生涯就止步于此了吗？真的就没有什么办法可以改变我的处境了吗？……或许，问题的根源并不在工作表现上，而是在职场表达上。

我们必须正视事实：在职场生存环境下，那些语言表达能力强的人，往往能够收获更多的“好人缘”，与同事相处融洽，深受领导器重，获得升职加薪的机会；而那些职场表达能力欠缺的人，则往往被领导忽视、被同事冷落，甚至还因不善表达而得罪他人，影响自己的职业发展。

《职场表达力》一书通过对具体的职场情境案例进行系统分析，以全面的视角对工作沟通中所涉及的技巧做了详细的讲解。在此，我真诚地希望广大在职场上拼搏奋斗的朋友在读完本书后，能有所感悟，有效地提升自己的交际表达能力，而这也正是我撰写本书的初衷所在。

下面我想简单介绍一下我个人的经历：我出生于福建的一个小农村，那时候的农村环境是很艰苦的，我们村当时俗称“三不通”——不通路、不通水、不通电。父亲是一名学校教师，母亲是家庭主妇。我在家中排行老四，上面有两个哥哥、一个姐姐，下面还有一个妹妹。在那样的环境下，父母把我们兄弟姐妹拉扯大很不容易。

尽管生活艰辛，但一家人相互搀扶、彼此爱护，我们几个孩子也都很听话懂事，家中一直充满爱与温暖。身为中学教师的父亲，深知“知识改变命运”的重要性，因此对我们几个孩子的教育始终没有放松。他通过自己的言传身教引导和鼓励我们多读书，使我在潜移默化中明白了许多为人处世的道理。

在父亲的指引下，我也没有辜负他的期望，凭借自己的努力，以优异的成绩考上了石家庄邮政学院，成为全村的第一名大学生。对我来说，能够走出农村到城市读大学是来之不易的学习机会，因此在校期间我也始终没有放松自己的课业。学习之余，我也积极参加社团活动，先后担任过校报记者、学生会主席等职，并光荣地加入了中国共产党。大学毕业以后，我被分配到南平邮政局工作，由于业务扎实、技术过硬，受到领导的赏识与器重，工作5年后我被提拔为邮政局局长，成为当时最年轻的邮政局长。

或许是对事业有着更强烈的渴求，也或许是自己内心那股天生的不安分使然，在邮政系统工作10年后，我毅然放弃了“铁饭碗”，开启了自己的演讲培训生涯。

在从事演讲教育事业的10年时间里，我先后创建了16所培训机构，受邀到新加坡、泰国、马来西亚、柬埔寨、日本、美国等十几个国家演讲，全球巡回演讲累计4000多场，受益学员达80多万。在踏入演说培训领域之初，我就给自己立下了3个使命：让全世界听到中国的声音，让全世界对中国人充满敬意，让全世界感受到中国文化的博大精深。我希望通过自己的身体力行讲好“中国故事”，让世界更好地了解中国！

最后，我想借此机会感谢我的家人。首先要感谢父母对我的悉心照顾和培养，我才能取得今天的成绩。在我成长的过程中，是他们让我懂得了爱、尊重与包容，他们待人真诚、善良的高贵人格，深深地影响到我后来的价值观。感谢我的太太，我和太太携手相伴20年来，始终相敬如宾、情深意笃。在我事业发展的过程中，太太一路陪伴我、支持我。感谢我的孩子们，他们都听话懂事、善解人意。蒙台梭利曾说，“儿童是成人之父，儿童是成人之师”。在与孩子们相处耍闹的过程中，他们让我真切地感受到家庭的欢乐与幸福。在某种意义上，是孩子塑造了更好的我。

周子宸

2020年3月15日

中国·厦门

前言

小夏毕业后进入一家大型集团公司，部门分工非常细致。在技术部的所有员工中，有一名员工显得格格不入，这是一位有近十年工作经验的前辈，技术精湛，只因沉默寡言、不善表达，频频错失升迁机会。与他同时期入职的员工或升职、或跳槽，只有他十几年如一日地在自己的岗位上默默画图。看着这位前辈，小夏心想："在职场上，会不会说话，会不会表达真的这么重要吗？"

其实在职场中，这样的现象还有很多：

在工作中，工作能力、工作业绩相差无几的两个人，一个可以步步升迁，一个却只能原地踏步。

在谈判场上，持同样观点的两个人，一个可以赢得对方的尊重，一个却被对方百般挑剔，最后只能退出谈判。

在销售场上，销售同款产品的两位推销员，一位可以一天成交数百单，一位几天无法成交一单。

在会议场上，一个口若悬河、侃侃而谈，让听者频频点头称赞，一个焦灼慌乱，词不达意，让听者眉头紧皱，一脸轻蔑。

同样是以语言为工具，为什么有的人能够轻而易举地说服他人，赢得他人的尊重，获得领导的肯定，实现理想的目标，而有的人却只能看着机会在自己眼前溜走，甚至自己亲手断送良机？其原因就在于表达力存在差异。

在现实生活中，受中国传统文化的影响，很多职场人都坚持着“谦逊即美德，争抢非君子”的习惯，从不主动表达自己，展现自己的优势和能力，甚至还会刻意隐藏自己的锋芒，以至于看着同期入职的同事步步高升之后，酸溜溜地说道：“能说会道、爱表现的人就是晋升得比较快。”表达与表现有什么关系呢？如果将表达力与表现混为一谈，怕是对这两个概念误解颇深！

至于表达力是什么？表达力究竟有什么作用？我们先通过两个案例来窥探一二。

第一个案例，在电影《广告达人》中有这样一个情节：主角接到一项工作，为香烟厂商设计一段广告词。因为吸烟有害健康甚至致癌，所以人们对香烟的印象非常差，但这条广告又必须将这个品牌香烟的特性表现出来。经过深思熟虑，主角为这家香烟厂商设计了一段广告词——It is Toasted。Toasted 既展现了这款香烟在生产过程中的一道特殊工序——烘烤，又含有祝福之意。凭借这个巧思，主角向客户表达了自己的想法与设计，不仅成功地说服了客户，获得了一大笔佣金，而且在业界声名鹊起。

第二个案例就是著名的“卖糖水 or 改变世界”的故事。乔布斯希望可口可乐的总裁加入苹果，于是问道：“你是想一辈子卖糖水，还是想和我一起改变世界？”简简单单的一句话，不仅表现出乔布斯的自信与理想，更是对对方心理的精准揣测。结果正如乔布斯希望的那样，这位大名鼎鼎的总裁加入了自己的团队。

由此可见，表达并非表现，表达力也不只是表达，更多地是基于自身的知识积累与人生阅历对人与事的精准把控与判断，表达丝丝入扣，观点直抵人心，引发共鸣，造就自己的影响力，提升自己的说服力。

有些人片面地认为职场表达力就是“说”，只要将自己的观点多加修饰，用人们能够普遍接受的方式讲述出来即可。其实不然，职场表达力除了“说”

之外，还包括很多方面，如说服、提问、倾听、反馈等。应用场景也有很多，不只是工作汇报、会议演讲，还包括求职面试、产品销售以及商务谈判等。

鉴于此，本书分为上下两篇，上篇对职场表达的“五力”，即表达力、提问力、倾听力、反馈力、说服力做了深度剖析。阐述了表达的四大法则、三大逻辑以及如何培养幽默感，进行幽默表达；讲述了面对不同对象的提问策略，包括如何对领导提问、如何对前辈提问、如何对同事提问等；论述了倾听的重要性，以及如何倾听他人，获得他人的好感，提高自己在职场中的人气；分析了反馈的重要性，如何应对负面反馈、如何处理无效反馈；介绍了几大说服技巧，以及如何用逻辑说服他人，如何通过故事说服获得他人的认同。

下篇对职场表达力的五大应用场景做了全方位展示，包括求职面试场景、工作汇报场景、高效会议场景、销售成交场景和优势谈判场景。求职面试如何表达？工作汇报如何展现自我？会议陈词如何让人耳目一新，对你刮目相看？上门推销、网络推销如何让客户放下戒备，收获订单？商务谈判如何峰回路转，达到理想的结果？如何通过表达打破跨文化谈判的坚冰，在工作之外与对方建立友谊？这些问题都能在本书中找到答案。

无论对职场新人，还是对因不善表达而频频错失机会、久久得不到提拔的职场老人来说，这都是一本内容翔实、案例丰富、技巧实用的职场表达实战攻略，可以帮你快速掌握各个场景中的表达技巧，在竞争激烈的职场中锤炼一项核心竞争力，为未来的职业发展疏通渠道、拓宽空间。

目 录

上篇
技能精进篇

职场表达力

第1章 表达力
切中内核，直击问题痛点

职场表达的本质，资源互换与阶层跃迁

表达就是用语言、语调、表情、行为等方式将思维成果反映出来的一种行为，以交际传播为目的，以语言为工具，以读者、听众为接收对象。从文学意义上来讲，表达有很多种方式，包括叙述、描写、议论、抒情、说明等。但职场表达与文学表达存在明显差异。

职场表达的方式有很多，包括汇报、演讲、发言、谈判、沟通、说服等，其应用场景非常广泛，包括求职、汇报、会议、销售、谈判等。从宏观层面来讲，在这些场景中发生的一切对话与交谈都可视为表达。从微观层面来看，职场人在工作场景中用语言讲述自己所思所想的一切行为都可称为表达。

在这个“酒香也怕巷子深”的年代，职场表达的重要性不言而喻。如果你用心观察身边的同事就会发现，那些工作努力、私下自律、进步极快、经常受到领导表扬的人往往都有极好的表达能力。他们不仅埋头苦干，而且非

常善于与人交流，会主动与领导沟通，会真诚地向前辈请教，会自发地拓展自己的交际圈，结识不同行业的人，并且极少与同事发生冲突。在工作中遇到问题，他们会及时与领导沟通，获得领导提供的人力或物力方面的支持；与同事意见不一致，他们会耐心倾听，真诚表达，说服对方同意自己的想法；遭到客户拒绝，他们会转换思路，改变客户的认知，促成交易。从表面上看，他们似乎是职场上最活跃的一个群体，锋芒毕露，但其实他们深沉内敛，深谙向上成长的艺术。

但凡事都有两面性，在职场上表达自我，发出自己的声音有好有坏。好的方面在于可以让别人知道自己的想法，了解自己遇到的困难，从而获得帮助；坏的方面在于如果表达不当，很容易引起他人的厌烦，将自己置于不利地位。那么，在职场中，具备什么特质的人才有可能获得更多支持与帮助呢？

◆ 职场表达就是资源互换

从本质上看，在职场中，表达自我的有效性指的是资源互换与阶层跃迁。具体来说就是，职场人为了完成既定的工作目标，实现远大的职业理想，需要通过与他人交互获得一些资源与机会，使个人能力得以进一步提升，同时完成原始积累，实现“鲤鱼跃龙门”。

根据能量守恒定律，能量往往是从高维向低维流动。也就是说，作为一名职场人，要想获得他人的帮助，首先要表现出自己的“升值”空间。比如，在工作中遇到问题向领导求助，希望获得领导支持，如果你说“领导，我现在需要 ×× 个人，否则这个工作很难如期完成”，领导可能会告诉你“现在各部门工作都非常紧张，这个小问题你先自己克服克服”。但如果你说：“领导，我手上这个项目还差一点儿就完成了，现在就差 ×× 个人帮我做一下 ×× 工作，项目立马就可以收尾。”听到这番言辞，领导可能会考虑提供帮助。

面对同样的问题，两种不同的表达可能会产生不同的结果，其原因就在于前一种表达只强调自己遇到的困难，没能让领导看到这个问题解决之后给公司带来的益处，后者则很好地规避了这一问题，让领导看到了自己的能力空间，成功地获得了领导的帮助。

另外，在职场中表达自我还能让你认识到不同的人，了解对方的经历，了解对方对某一事件的观点、态度，学习对方处理问题的方式、方法，这些都能让你产生更高层次、更有价值的思考。其实，在职场中表达自我的真正价值不在于能够获得多少资源与人脉，而是能够从不同的思维碰撞与交融中学到什么。

很多时候，我们之所以无法抓住某一样东西，无法获取自己想要的资源，往往是因为我们过度拘泥于那些有形的事物，忽略了事物背后隐藏的潜力与价值。简单来说，就是因为目的心过于强烈，忽略了心灵的沟通与体验。例如，在向顾客推销产品时，一味地想说服顾客下单购买，却忽略了顾客的实际需求；在说服团队其他成员同意自己的方案时，一味地表达自己的观点，忽略了他人的利益诉求，自然无法获得令自己满意的结果。

其实，对于职场人来说，有效表达的根本点就在于那些隐藏的价值，如彼此的世界观、人生观、价值观、利益诉求、希望实现的目标、解决问题的原则等。如果两个人“三观”不一致，即便一方有非常丰富的资源，作为有独立自主意识的另一方也很难与之沟通交流。所以，在职场上，只有正视表达的本质，聚焦表达的焦点，才有可能进行有效表达，实现预期的目标。那么，在职场中怎样才能做到高效表达呢？

◆ 高效表达能力的培养

（1）明确表达内容是核心。

高效表达的第一步就是确认想要传达的内容和想法，在大脑中构建表达逻辑。在表达自我、与他人沟通时，内容是最核心的支撑。无论什么类型的内容，从总体上都可以分为两类，一类是观点，一类是事实。

事实是客观存在或真实发生的事件的总称，观点是对这些事件的看法。在表达事实与观点时要注意二者的融会贯通，即要做到“有理有据”。“理”就是观点，是针对事实的思考与总结；“据”就是事实，是表达观点的依据。有逻辑地陈述事实、表达观点可以让受众更清晰地接收到自己传递的信息。

在掌握这一基本理论之后，可以有针对性地选择一些表达方式来支撑自己的表达，让表达更精彩、更有技巧。如果能够在表达过程中增添一些细节讲述，就能让表达惟妙惟肖、更具说服力。

要想在职场中做到精彩表达，除了要有缜密的逻辑，还要有丰富的知识储备、工作经验与人生阅历。只有具备这些条件，才能让自己的讲述丝丝入扣，并针对某一事件提出独到的观点与见解，带给听众耳目一新的感觉。所以，职场人要想培养自己的表达能力，必须不断丰富自己的知识储备与人生阅历，只有这样才能在表达时旁征博引，令人刮目相看。

（2）学会修饰语句是技巧。

最高水平的职场表达不仅可以自由地表达自己的观点与想法，还能与听众达成某种默契，这一点考验的就是职场人的情商及其洞察能力。也就是说，职场人在工作场合表达自己时不要太过沉浸，要多观察周围的听众，他们是否对自己的话题感兴趣？是否能理解自己的意思与想法？如果听众一脸茫然或者心不在焉，就要及时调整自己的话题，或者果断停止。

为了让自己的表达深入人心，职场人可以用一些方法对语言进行修饰，如使用比喻、排比等修辞手法，或者在表达的过程中插入一些小故事，让表达语言与方式更加灵活、有趣，让听众始终保持聆听兴趣，以做到高效表达。

在表达力变现的时代，如果你依然不善言辞或者羞于表达，一定会被淘汰。很多人都将自己的不善表达归罪于性格内向，这是一种错误认知。因为实践证明，性格外向的人表达能力不一定好，而性格内向的人表达能力也不一定差。也就是说，表达能力的好坏与性格无关，关键取决于表达人自身的知识储备与逻辑思维能力。在这方面，性格内向的人比性格外向的人更有优势。但无论哪种性格的人，表达能力都不是与生俱来的，只要掌握技巧、勤加练习，就一定可以提升自己的表达能力，做到高效表达与精准表达。

四大法则，畅通职场沟通渠道

职场虽然靠实力说话，但一些低级的沟通错误也会诱发一系列问题，给自己招致不必要的麻烦。所以，对于职场人来说，遇到沟通问题必须及时解决，否则很有可能给自己的职业发展造成不良影响。

◆ 为什么会存在沟通不畅?

职场沟通指的是以解决问题为前提的交流互动，“你好”“再见”之类的交流只能称为寒暄。一般来讲，职场沟通不畅主要是由以下原因引起的，如环境障碍、习惯差异、文化障碍等。为解决这些问题，职场人必须掌握一些沟通技巧，具体如图 1–1 所示。

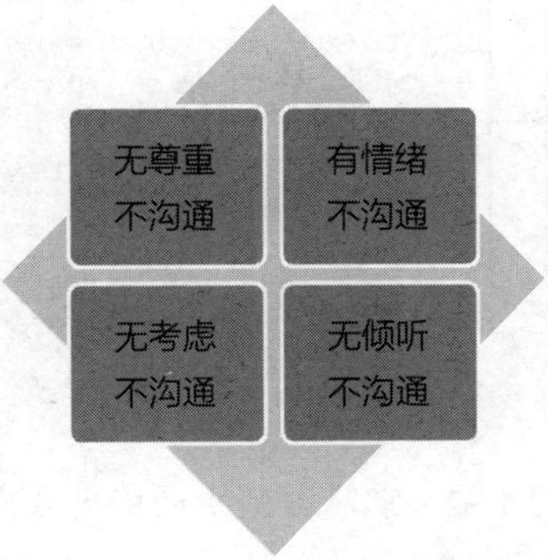

图 1–1 职场沟通四大技巧

（1）无尊重不沟通。尊重是职场沟通的第一原则，只有尊重对方，才能获得自己想要的信息，才能让对方聆听自己的想法。尊重是相互的，只有给予他人足够的尊重，才能获得他人的尊重。

（2）有情绪不沟通。有情绪时尽量避免沟通，坏情绪很容易让人失去理智，说出冲动的话或者作出冲动的决定，引起不必要的争吵。在职场上，这样的沟通不仅无济于事，还有可能造成不可挽回的后果。

（3）无考虑不沟通。职场沟通切忌脱口而出，有些未经思考就说出来的话不仅无法解决问题，还有可能让气氛更紧张、更尴尬。所以，作为一名成熟的职场人，必须养成“三思而后言”的习惯。

（4）无倾听不沟通。职场沟通是一个双方甚至多方的活动，只有彼此明白、理解才能达到预期的沟通效果。如果不了解对方的需求与想法，又怎能做出令对方满意的答复呢？

◆ 职场沟通中的四大法则

高效的职场沟通需要掌握四大法则，具体如图 1–2 所示。

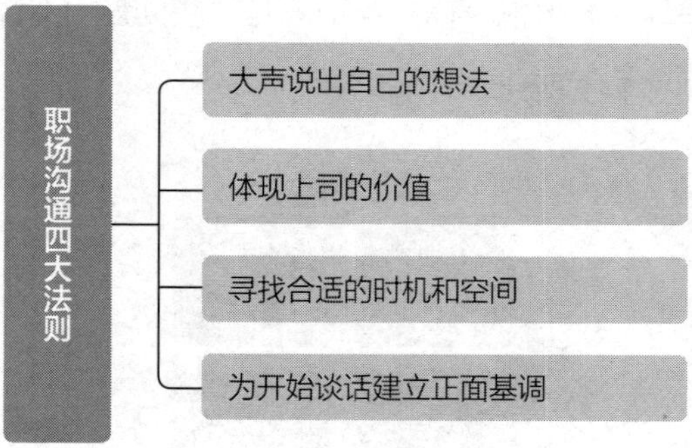

图 1–2　职场沟通中的四大法则

（1）大声说出自己的想法。在职场中，大声说出自己的想法非常重要，这决定了你未来的职业生涯是否顺利，能否向着自己预期的方向发展。在与同事 / 领导意见不一致时，不能轻易地被他们说服，放弃自己的观点，而是要肯定自己的想法，正视自己想法的价值，勇敢地表达自己，让他们认识到你是一个有想法、有远见的人，从而对你报以尊重、委以重任。所以，对于一名成熟的职场人来说，在职场晋升过程中，掌握通过成熟的对话理智地处理问题的技巧非常重要。

（2）体现上司的价值。如果遇到问题需要与上司沟通，必须保证沟通的事件与上司有关，可以体现上司的价值。如果上司每天被下属以各种鸡毛蒜皮的小事儿“轰炸”，会产生极大的挫败感，在这种情绪下，无论你与他沟通什么问题，都会被拒绝，甚至会被斥责。所以，在与上司沟通之前，员工必须先自行处理一些问题，将那些可能对部门业绩、公司业绩产生影响的大事及时向领导汇报。比如，因为你的一个小错误可能导致合作关系破裂时，必须及时向上司汇报，否则很有可能激怒上司，造成不可挽回的后果。

（3）寻找合适的时机和空间。假如在一场会议中，你对同事或领导的观点存在异议，而其他人都表示支持，在这种情况下，最好不要当众说出自己的想法，而是要选择一个合适的时机与同事或领导面对面沟通，说出自己的顾虑，请对方慎重考虑。之所以要面对面沟通，是因为这样可以实时了解对方的情绪，随之调整自己的表达方式与态度，让对方接受自己的意见与建议。

（4）为开始谈话建立正面基调。在表达自己的想法之前，或在与他人沟通之前，要先抛出一些对目前问题的解决有利的话题，然后说出自己担心的问题，最后给出自己的想法与建议。如果发现对方存在抵触情绪，可以先暂停讨论，过后再试探沟通。

◆ 职场沟通常用句式

职场沟通有一些常用句式，可以暂时缓解尴尬，快速解决问题，具体如下：

句式一："不好意思，是我的错。"

遇到问题先主动承认错误，不仅可以迅速打开心结，还可以快速解决问题。如果不是你的责任，问题解决之后自然会还你清白，所以不必计较一时之得失。

句式二："对这件事，你的看法是什么？"

职场沟通是双向的，表达自己的想法固然重要，但也要给他人发言的机会，了解他人的想法与观点。有时候，即便对方没有表达冲动，这样的提问也会让对方产生被重视、被尊重的感觉。

句式三："你的主意太好了。"

当对方提出一个绝妙想法时，你要衷心地称赞对方，体现自己的团队精神。即便心有不甘，也不要表现出来，如果真的是技不如人，就努力提升自己的能力。

句式四："让我再想想，××点前给你答案好吗？"

对于一件事情，如果你无法给出明确的意见和建议，这个句式可以帮你暂时摆脱危机，为你争取时间认真考虑，同时也能让对方感受到你的用心。需要注意的是，说出这句话之后必须抓紧时间调查、调研、思考，在预定时间给出明确答案，否则很容易引起对方的质疑与不满。

句式五："好，我马上处理。"

对于领导交办的工作要爽快答应，如果犹豫不决，很容易给领导留下不负责任、做事拖拉的不良印象。如果工作中遇到问题，要及时和领导沟通，寻找解决方案。

在职场中表达自我、与人沟通的技巧还有很多，需要职场人在工作过程中多思考、多总结、多积累。有一点需要注意，沟通、表达是人与人之间的交互行为，表达时要自信，沟通时要宽容，只有这样，才能获得成功。

三大逻辑，快速提升表达能力

小黎初入职场时是一个表达欲非常旺盛的人，但只注重表达，忽略了表达内容及表达方式。随着工作年限不断增长，职务不断提升，小黎发现自己讲话永远文不对题，找不到重点，尤其在向领导汇报工作时，有些同事明明没做多少工作，却将自己说成大功臣，而自己明明做了很多工作，却无法让领导了解自己的辛劳。

有些时候，小黎清楚地记得自己向领导汇报过某件事，领导却表示不记得，然后越解释越糊涂；或者在会上作报告时，小黎熬夜准备了非常详细的演讲稿，做了精美的PPT，却在讲述过程中被领导打断，被要求“讲重点”。

随着受批评的次数越来越多，小黎终于意识到了自己的问题——缺乏表达能力、词汇使用不精准、思维不严谨、语言组织缺乏逻辑性。针对这一问题，小黎在之后的工作中有意识地学习、总结他人的表达逻辑，终于使自己的表达能力有了大幅提升。

在现实生活中，像小黎这样有能力、有态度，但缺乏表达能力的人比比皆是。其实，职场表达并不难，只要掌握以下三大逻辑，就能快速提升自己的表达能力，彻底解决言不由衷、词不达意等问题（见图1–3）。

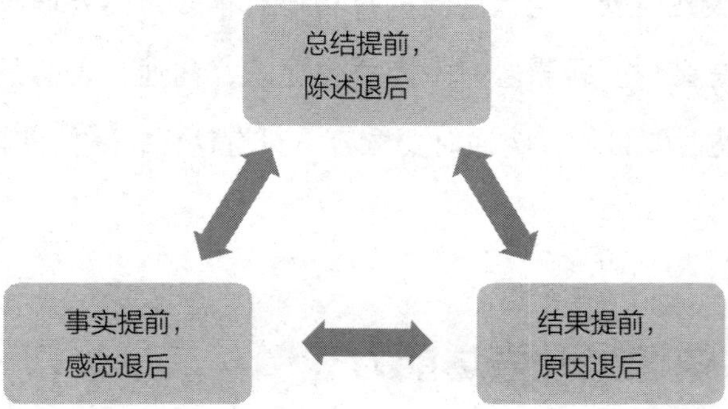

图 1–3　职场表达的三大逻辑

◆ 逻辑一：总结提前，陈述退后

A：小陈，今天有一位高总的朋友专门过来看他，下午 4 点 30 分到机场，高总嘱咐让安排你去接机，别人去不放心。另外，我明天下午 5 点的航班去北京，麻烦你帮忙安排车辆，并请北京办事处的同事安排接机。

B：小陈，有两件事需要你帮忙协调安排。第一，高总的老友今天下午 4 点 30 分落地 ×× 机场，高总非常重视，希望你能亲自去接机；第二，我明天下午 5 点的航班去北京，请你帮忙安排下午 2 点的车辆送我去 ×× 机场，并和北京办事处联系，请他们安排接机。

如果你是小陈，面对上述两种表达，你更喜欢哪一种呢？我想一定是 B，原因有三点：

第一，A 表达与核心事件无关的信息非常多，比较像同事间的闲聊，不像正式的工作沟通。如“安排你去接机，别人去不放心”，不用如此正式地告知小陈。

第二，B 表达开门见山，提醒小陈有两件事需要处理，然后非常清楚地讲述第一件事是什么，第二件事是什么。

第三，B 表达给出了准确的接机时间与送机时间。高总的老友下午 4 点 30 分落地，请小陈自己计算时间前去接机；我明天下午 5 点的航班，请小陈安排下午 2 点的车辆送我。时间表述非常清楚，不会因为理解偏差安排错接机、送机时间，错过航班。

◆ 逻辑二：结果提前，原因退后

小高所在的部门遇到问题，需要技术部门支援，于是向技术部发出请求：李主任，昨天我们巡查时发现 C 作业点存在安全隐患，虽然已经安排人手前去排查，但同时了解到还有多个作业点存在此类问题。因为我部门的小李请假、小王身体不好不能高空作业，目前只有三个人可用。但事发紧急，如果不能尽快安排人手排除隐患，一旦发生事故，后果不堪设想。

在这段表述中，小高将事情发生过程，请求支持的原因表述得非常清楚，唯独没有告诉李主任想要获得什么支持，如需要借调几个人、这些人什么时候到位等，而这些正是小高此次请求支援的主要目的。所以，从结果看，这是一次失败的表达。

如果在这段表述中将结果提前，或许会产生不一样的效果。

李主任，有一件非常紧急的事情需要您帮忙，昨天我们巡查时发现 C 作业点存在安全隐患，虽然已经安排人手前去排查，但同时了解到还有多个作业点存在此类问题。我们部门目前人员不足，向您借调 3 名技术人员到 A 作业点进行排查，事态紧急，下午 2 点必须到岗。如果不能尽快排除隐患，一旦发生事故，后果不堪设想，希望您理解并给予支持。

◆ 逻辑三：事实提前，感觉退后

在职场表达中，如果用感觉代替事实很容易引发矛盾与冲突。

比如，销售部正在推进一个重大项目，需要财务部、生产部配合，但在召开跨部门会议时，财务部没有派人参加。于是，销售部经理向人抱怨道："财务部根本不配合我们的工作。"

这一结论显然是销售部经理的感觉，那么事实究竟怎样呢？

事实上：项目启动之后，销售部召开了三次跨部门会议，财务部一次没有派人参加，一次派人参加但参会代表迟到，一次参会代表准时到场。

财务部为什么会出现这种情况？销售部经理需要主动了解情况，是什么原因导致第一次会议没有派人参加？财务部是不是临时接到了新任务？是不是没有收到开会通知？了解之后就会发现，第一次没有派人参加会议是因为总经理临时召开财务会议，财务部所有员工必须到场。接到通知后，财务部经理就派人给另外两个部门打电话，但都无人接听。第二次迟到是因为参会人员路上遇到了突发情况。

了解之后，销售部经理就会发现并不是财务部不配合，而是事出有因。

在现实生活中，人们习惯用环境评价自己，用意图评价对方。自己没有完成任务是受周围环境的影响，他人出现失误就是不配合自己的工作。这种猜测与评判完全是错误的。

在职场中表达自己的观点时必须先了解事实，基于事实进行表达，而不是基于自己的感觉与判断。尤其是在面对上级领导表达自己的观点时，更应该陈述事实，而不是个人意见，因为上级领导很有可能根据你的表述来进行判断，进而做出决策。

SCQA 架构，职场表达的经典模式

对于一位职场人来说，会议发言、年终总结、工作汇报、会议报告等都是不可避免的场合。很多职场人都希望自己在这些场合的发言能够表达自己的真实想法，吸引听众，获得掌声。但很多时候的表达都词不达意，让台下的领导和同事一头雾水。为改变这一情况，职场人可以尝试使用 SCQA 架构来清晰地表达自己的想法。

◆ SCQA 是什么?

SCQA 指的是 Situation（情景）、Complication（冲突）、Question（疑问）和 Answer（回答），具体如图 1-4 所示。

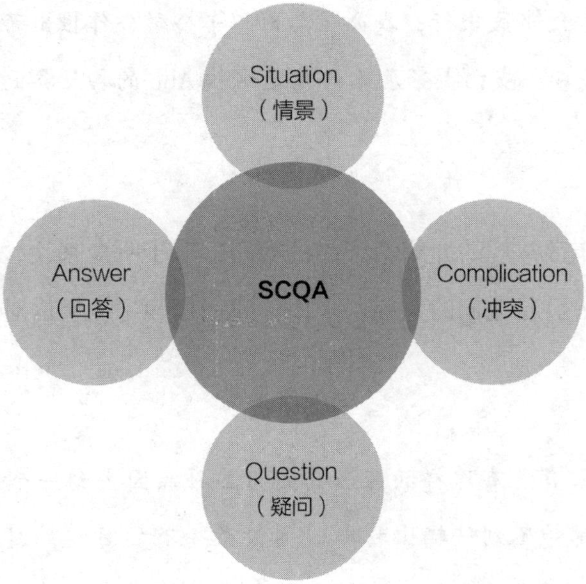

图 1-4 SCQA 架构

情景，即背景，是一种相对稳定的状态，可以用来引入事实。

冲突，即某种不利的变化或能够对当前状态产生颠覆作用的事件，简单来说，就是能够推动情节发展的因素。

疑问，即具体的问题，如怎么办？怎么做？

回答，给出具体的解决方案。

◆ 为什么要应用 SCQA 架构？

SCQA 架构其实是一种故事性架构。当你讲述某个事件或发表某种观点时，听众脑海中会产生很多零碎的、与你表达的主题无关的想法。SCQA 架构的功能就是让听众抛弃杂乱的思绪，将注意力集中到你要表达的主题上，和你一同思考。

某公司的发言人要向大家介绍一款新产品，开场如下：

近日，为方便市民出行，我公司与出租车公司合作推出了一款可以随时打车的 App。现在，我向大家展示的就是这款 App 的初始界面，通过这个界面我们可以……

这是一种非常常规的介绍新产品的套路，对于听众来说，这种介绍平淡无奇，根本无法引起他们的兴趣。下面，我们用 SCQA 架构对这段表述进行调整：

不知道大家有没有这样的经历？因为某种原因去到一个比较偏僻的地方，等了很久都等不到一辆出租车。（S 情景）有的时候，因为等车的人比较多，出租车来了之后大家一拥而上，如果你的速度不够快，个头又比较小，很有可能在这场争抢中落败，不得不继续等待。如果你是男士，和女士抢车是不是会觉得非常没有面子？（C 冲突）如果以后再遇到这种情况怎么办呢？（Q 疑问）你只需要打开这个 App，全市的出租车都由你来指挥。下面我给大家介绍一下我公司与出租车公司联合推出的这款新产品……（A 回答）

这样调整之后，整段表述显得非常具有吸引力，不仅可以聚焦听众的注意力，还能引发听众的共鸣，让听众对这款 App 产生浓厚的兴趣，达到新品介绍的目的。

◆ SCQA 的常见应用

在职场表达方面，SCQA 架构的应用非常广泛。

例如，美团外卖的一则广告：炎炎夏日，老板坐在办公室内工作（S），要求某员工去买一杯冰咖啡（C），这种天气出门一定会晒伤，怎么办？（Q）用美团外卖。（A）

又如，某公司的招聘文案：作为几百万高校应届毕业生中的一员（S），大企业进不去，小公司看不上（C），究竟去哪儿好呢？（Q）来 ×××× 公司吧！（A）

某些情况下，SCQA 架构还可以变形，通过调整各部分的顺序营造不同的文章风格，如图 1-5 所示。

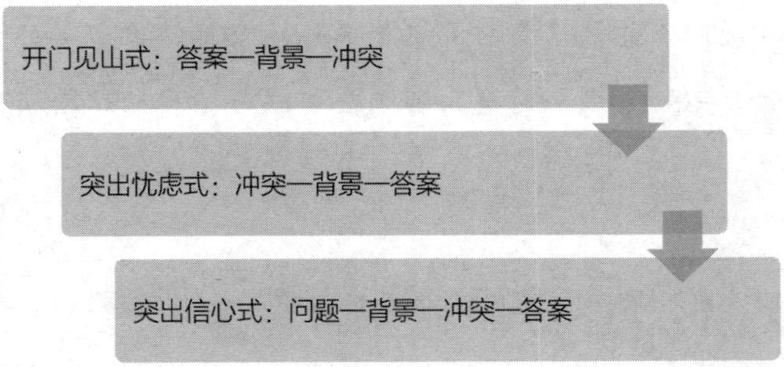

图 1-5　SCQA 结构的三大变形

（1）开门见山式：答案－背景－冲突。

这种架构非常适合用来向领导汇报工作，先告知领导结果，然后再讲述过程，节约时间、提高效率。比如，王总，项目如期完成，在这个过程中发生了一些小状况，我跟您汇报一下……

（2）突出忧虑式：冲突－背景－答案。

这种架构通过强调冲突激发听众的焦虑感，让听众关注背景，并对答案产生兴趣。比如，王总，整个项目之前进展非常顺利，但突然遇到一个问题，这个问题不解决，后面就很难推进……

（3）突出信心式：问题－背景－冲突－答案。

先提出问题，再阐述背景和冲突，最后说出答案，通过这种方式来体现自己解决问题的信心。这种架构在方案报告、产品发布会等场景中都非常适用。比如，在产品发布会上要向大家介绍一款新品，开始就说道："你有没有遇到过这种情况？清晨，闹铃响了一遍又一遍，就是不愿意起床，结果一再拖延错过了公交车。是我们有起床困难症吗？不是！都怪闹铃没有魔力！今天我向大家介绍一款有魔力的闹铃，保证根治你的赖床症……"

由此可见，SCQA 架构不是一个一成不变的模式，使用者可根据自己的使用场景自由地变换，将其用于工作汇报、PPT 演讲、商务展示、即兴演讲等各个场合的表达中，全面提升自己的表达魅力，更好地展现自己。

30 秒电梯法则，抓住核心，精准表达

在职场中，我们可以发现这样一种现象：有些人可以写出非常漂亮的报告，用词精妙、逻辑严谨，却很难与人面对面交流，我们将这种人称为“会说话的哑巴”。

小微是一名办公室白领，文笔非常好，公司的很多报告、领导讲话稿都出自她手。但如果让她站在众人面前发言讲话，就会看到她不知所措，讲不到一分钟就脸色苍白、满头大汗，甚至能从声音中感觉到她在颤抖。但如果让她坐在电脑前，打开社交工具，她就能立即组织好语言清晰地表达自己的观点。

在职场上，小微并不是个例，这样的人还有很多。但在职场中，我们永远无法避免面对面交流。如何克服面对面交流的紧张与局促，让逻辑变得清晰，让表达变得顺畅呢？我们可以借鉴一个法则——30 秒电梯法则。

30 秒电梯法则源于一个故事：

麦肯锡公司曾为一家公司做咨询，项目结束后，这家公司的董事长在电梯遇到了该项目的负责人，董事长问道：“你现在能把结果说一下吗？”因为毫无准备，负责人没能在电梯运行的 30 秒内将问题讲清楚，麦肯锡公司失去

了一个重要客户。自此之后，麦肯锡就创建了“30秒电梯法则”，要求公司所有员工掌握并使用。

那么，究竟什么是“30秒电梯法则”呢？

◆ 30秒电梯法则

30秒电梯法则是麦肯锡发明的一种高效表达法则，要求员工在30秒内将事件结果说清楚。麦肯锡认为，在很多情况下，人们只能记住“123”，记不住“456”。所以，无论事情多么复杂，对其的叙述都要归纳在3条以内，这就是著名的30秒电梯法则。

如果能在30秒内对问题进行有效阐述，将重要信息简明扼要地传达给对方，无论对方多么忙碌，都会留出30秒的时间来接收信息，如有可能还会做出反馈。但不是所有人都具备30秒高效表达的能力，因为这考验的不仅是表述能力，还有逻辑思维能力。

那么，在职场上，我们应如何利用“30秒电梯法则”来实现简洁表达、高效沟通呢？

◆ 方法一：巧用“金字塔原理”

“金字塔原理”的基本结构是结论先行，以上统下，归类分组，逻辑递进。简单来说，就是先总结归纳，后展开论述，先搭好框架，后补充细节，先提出结论，后阐明原因，先讲明结果，后论述过程，先说论点，后提供论据。

实施原则是对所有事情进行归纳，总结出一个核心论点，该论点由下一级多个论据支持，而下一级论据本身就是论点，又可以被下一级多个论据支持，不断延伸拓展，形成“金字塔”结构。在这个结构中，最高层是中心思想，也就是想要表达的核心观点或结论。然后按照不同维度标准对“中心思想”进行细分，纵向结构上每一组观点都对上一层级的观点进行了综合，横向结构上每组观点都对问题做了细致且详细的概括，各个观点之间按一定的逻辑顺序排列，如图 1–6 所示。

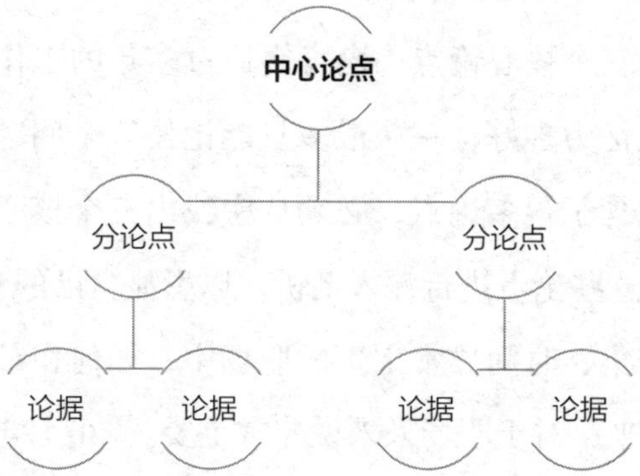

图 1–6　金字塔结构

在职场表达中，金字塔结构可以帮我们理清思路，解决逻辑混乱、表达不清等问题。当职场人将金字塔表达框架植入脑海之后，只要套用这个框架就能做到精准表达。实际应用过程中只需注意以下两点：

第一，表达自上而下，结论先行。

第二，思考自下而上，总结概括。

◆ 方法二：灵活运用“30 秒电梯法则”核心三要素

（1）充分了解问题，从问题中寻找答案。要想在 30 秒内将问题的解决方案向客户准确地表达出来，给客户留下深刻印象，除了要具备强大的思维能力与语言表达能力外，还要全面剖析问题，对问题做出深入理解，加大对解决方案的认知深度及对相关问题的思考广度，真正做到“知己知彼，百战不殆”。如果能做到这一点，就能有十足的把握来解决这一问题。

（2）逻辑思维顺畅，把握问题核心。在表达、讲述的过程中必须保持头脑清醒，抓住问题的核心，用最短的时间、最简洁的语言将问题讲清楚。否则很容易离题万里，让听者不知所云。简单来说，就是要做到简洁、核心、有层次，只有这样，才能让表达更准确、更优质。

（3）一次只谈三个核心论点。麦肯锡通过多年的工作实践发现，无论一个人多么聪明，记忆力多好，一次最多只能记住三个问题。所以，如果你要阐述的解决方案包含了很多论点，必须从中找出三个核心论点。如果时间允许，还要用数据对这些论点进行深入剖析，以彰显自己的专业性。

在工作高度密集、时间异常宝贵的职场中，如何在最短的时间内将问题简明清晰地呈现出来，对于职场人来说非常重要。“30 秒电梯法则”为这一问题的解决提供了有效思路，职场人要学习利用其中的三大核心要素，提高自己精准表达的能力与技巧。

培养幽默感，做职场的氛围担当

无论在生活中，还是在职场中，幽默风趣的人总是备受欢迎。幽默感不仅可以和谐人际关系，还能让你从业务水平相差无几的同僚中脱颖而出。对于企业管理者来说，幽默感更是增进与下属关系、降低下属离职率、提高下属抗压性的秘密武器。那么，在职场中，幽默感究竟有多重要？职场人应如何培养幽默感呢？

◆ 幽默感是什么？

幽默感是消化不良情绪的秘密武器。生活中，有幽默感的人总是可以轻松应对各种烦心杂事；职场上，有幽默感的人可以轻松处理各种矛盾，让周围的人产生愉悦感。任何人都无法保证自己能够永远一帆风顺，在工作中遇到难题时，有幽默感的人可以更快地摆脱困境。

很多人都将幽默感与情商画等号，认为有幽默感的人情商更高，更加乐观、积极。于是，我们会看到这样一种现象，在一个小团体中，有幽默感的人就像一个“小太阳”，吸引着很多人围绕在他周围。

很多人都认为幽默感是天生的，其实幽默感是可以后天培养的。

◆ 幽默的本质

幽默有三大基本原理，分别是意外感、优越感和宣泄感，这也是幽默的本质，如图 1–7 所示。

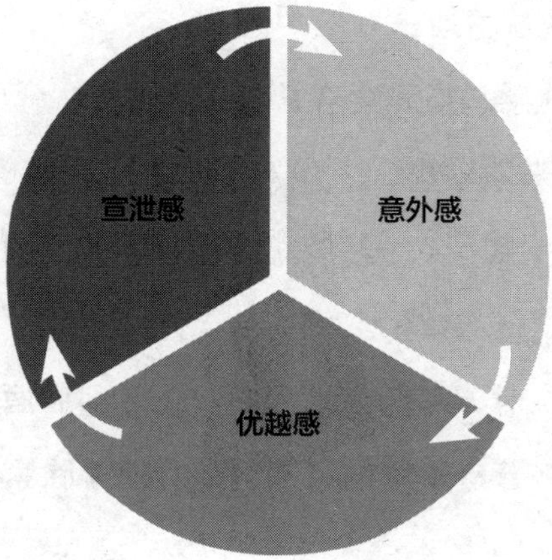

图 1–7　幽默的三大基本原理

（1）意外感。顾名思义，意外感是指在与他人交流时，说的话让他人感到意外，同时又要带有积极、乐观的态度。

比如，在前往某地谈判时恰好碰上下雨天，同事向你抱怨说："这该死的天气，搞得人什么心情都没有了。"此时，如果你正话反说，可能会起到很好的调节氛围的作用。"今天天气真好"，在同事感到意外的时候补充道："又是刮风又是下雨的！"可能会引得同事哈哈大笑，缓解因坏天气引发的坏情绪。

这个话题可能与接下来的谈判毫无关系，但这种意外感却可以很好地缓解同事的不良情绪，为接下来的谈判奠定良好的情绪基础。

（2）优越感。优越感是指让别人从你的话中感受到自己的优越，并由此发笑。为他人塑造优越感最常用的方法就是自嘲。会自嘲的领导会显得谦和、有趣，获得基层员工的喜爱。有些领导担心自嘲会被别人轻视，其实恰恰相反，敢于自嘲的人往往是拥有超级自信的人，越自嘲，越会让别人感受到自己的强大。需要注意的是，可以自嘲，但千万不能嘲弄别人，否则很容易引发矛盾，将自己置于尴尬境地。

（3）宣泄感。宣泄感是指先营造紧张的氛围，然后再解除紧迫感。比如，见到一位出国培训归来的同事，发现对方晒黑了很多，于是开玩笑地说道："天啊，你怎么变得这么黑了！"然后立即接着说道："肯定是学有所获，想在以后的日子里暗中保护我，对不对？"

听到前面一句话，对方可能会不开心，但听到后面这句话，对方一定会哄然大笑。由此可见，营造紧张的氛围容易，但解除紧迫感却不是人人都能做到的。

我们只有了解了幽默的本质，才能有针对性地培养幽默感，让自己成为一个幽默的人，成为职场中调节气氛、和谐人际关系的重要担当。

◆ 幽默感的四大优点

（1）包容冲突，化解矛盾。工作中难免会与同事产生矛盾、摩擦，在化解矛盾的所有方式中，幽默往往是最有效果的一种。比如，在跨部门合作的过程中，因为意见不合与其他部门的负责人发生了争吵，冷静下来之后意识到自己的错误，于是登门致歉。“俗话说，宰相肚里能撑船，我这只小船在您那里还不跟蚂蚁一样吗？”对方听到这番话，可能会放下之前的不愉快，重新回到会议室与你商谈，因为从这一句话中，对方感受到了你的诚意，所以会接过你抛来的橄榄枝，继续之前的合作。

（2）扭转局势，赢得人心。在公开场合发表自己的观点时难免会听到反对的声音，此时，幽默不仅可以帮你扭转局势，还能帮你赢得更多人的支持。比如，英国前首相詹姆士·哈罗德·威尔逊在一次公开演讲中遇到异见分子高声叫嚣：“狗屎！垃圾！”这句话引起了轩然大波。威尔逊不慌不忙地说道：“这位先生，请少安勿躁，我马上就会讲到你提出的关于环保的问题。”此言一出，会场上响起了雷鸣般的掌声。

（3）乐观积极，缓解尴尬。

小李与客户商谈一个项目，回到公司之后同事问：“怎么样？有戏没？”小李回答道：“嗯，有一半的戏？”同事疑惑道：“什么叫有一半的戏？”小李笑着说道：“我有合作意向，但客户没有啊！”

面对失败的谈判结果，小李用这种调侃式的方式化解尴尬，让原本紧张的对话显得轻松有趣。对于职场人来说，幽默感最重要的意义就在于让人们可以在遇到突发事件时保持稳定的心态，冷静、理智地处理各种问题。

（4）正视不足，改变观点。“金无足赤，人无完人”，我们每个人都有缺点，有的是性格方面的、有的是生理方面的。比如，小王总因个子矮被调侃，甚至有同事说：“小王，你这个身高应该不太好找女朋友吧！”小王笑着说道：“没错，别说找女朋友，就是丘比特想射中我，估计也要找半天吧！”

小王明知同事调侃自己，也没有生气，而是用自我调侃的方式改变了大家对自己身高的关注，不仅化解了尴尬，而且很好地保护了自己。在以后的交往中，很少有同事再用身高调侃小王了。

◆ 培养幽默感的三大技巧

既然幽默感有这么多效用，那么我们应该怎样培养幽默感呢？幽默感的三种培养方式如图 1–8 所示。

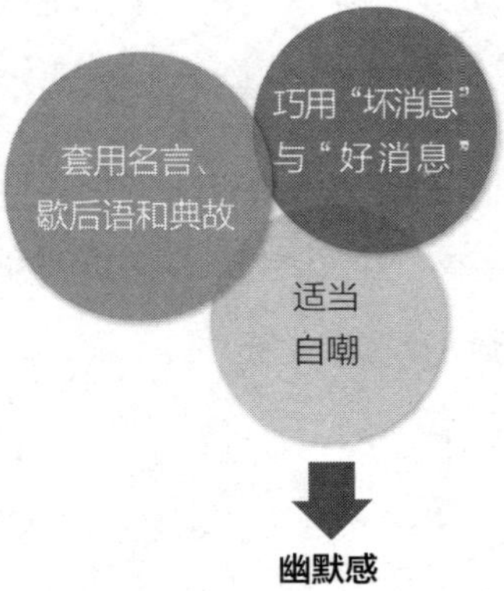

图 1–8　幽默感的三种培养方式

（1）巧用“坏消息”与“好消息”。

在日常工作中，我们经常跟同事说“告诉你一个好消息”“告诉你一个坏消息”“我这有一个好消息，一个坏消息，你想先听哪个？”其实，在这种表述方式中蕴含着很多幽默元素，只要你能挖掘，就会产生不一样的效果。

例如，与客户谈判回来，A 对同事说：“告诉你一个坏消息，今天的谈判结果和昨天一样，都失败了！”同事可能会感到惋惜，然后想方设法地安慰 A。

B 说：“告诉你一个坏消息和一个好消息，你想先听哪个？”同事说：“先听好消息吧！”B说：“还是先听坏消息吧！坏消息是昨天花了4小时和客户商谈，客户始终不同意。”听到这，同事追问：“那好消息呢？”B笑着说道：“好消息是今天只花了3小时就取得了和昨天一样的成果！”虽然谈判非常失败，但听到这番话，同事忍不住哈哈大笑。

在上述案例中，B用自己的幽默化解了谈判失败引发的低沉气氛，用自己的乐观鼓舞了同事，产生了意想不到的效果。

（2）套用名言、歇后语和典故。

套用名言、歇后语和典故的关键在于前面使用名言，后面自己修改。比如，小A因受到不公平待遇去向领导“讨说法”，回到办公室后，同事问他：“怎么样？领导怎么说的？”小A笑了笑说道：“这还用问吗？我去的时候你们就应该想到肯定是‘厕所里打灯笼——找死’去了！”说完，同事哈哈大笑，巧妙地化解了自己的尴尬。

这里需要注意的是，使用的名言、歇后语、典故都必须是众所周知的，用前半段引起听众的“惯性思维”，然后突然发生转折，将其与自身联系在一起，达到幽默表达的效果。如果使用的名言、歇后语、典故比较生僻，听众听完可能会一头雾水，不知所云。

（3）适当自嘲。

前面说到，自嘲是一种非常好的幽默方式，不仅可以让对方产生优越感，而且可以起到自我保护作用。其实，自嘲就是接纳自己的不足，将自己的缺点展示出来，通过暴露自己的缺点带给他人快乐。

例如，领导在年会上夸赞小陈年轻有为，小陈自知没有那么优秀，于是笑着说道：“领导说的没错，我是年轻有为，年纪轻轻就有了腰围。”一边说，一边摸了摸自己的肚子，引得在座的同事大笑不已。同事不会因为领导的这句夸赞对小陈心生嫉妒，反而会因为小陈的幽默对他心生好感。

总而言之，无论在职场上，还是在生活中，有幽默感的人总是可以轻松地化解冲突与矛盾，调节气氛，改变他人对自己的看法，获得更多人的喜爱，同时，也能获得更广阔的职业发展空间。所以，作为一名职场人，要努力培养自己的幽默感，在幽默和风趣中展现自己的智慧。

第2章 提问力
掌握技巧，撩拨深度思考

提问是成功者最重要的习惯

英国著名创新领导力演说家 Peter Sloane（彼得·斯隆）表示："提问是创新者最重要的习惯，没有之一。"彼得·德鲁克指出："我不是咨询师，而是喜欢直接问客户刁钻问题的人。"无数成功者的案例告诉我们，学会提问是人走向成功的重要基础。无论在职场中，还是在日常生活中，提问无所不在。

◆ 如何有效提问？

艾美奖获奖记者、CNN 著名主持人弗兰克·赛斯诺（Frank Sesno）在其著作《提问的力量》中表示："一个好的问题已经解决了问题的一半，我们是谁、我们将去向何方、我们的沟通方式都反映着我们的问题。问题帮助我们打破障碍，发现秘密，解决谜题，想象新的做事方式，争取他人的支持，引导我们解决问题。但是很少人知道如何进行有效提问。"

有的人可能会质疑“问问题谁不会？三岁的小孩都会问问题”，事实真的如此吗？答案当然是否定的。在职场中，有效提问是一门高深的学问。充满好奇心的小孩子会问大人各种各样的问题，“这是什么？”“为什么是这样呢？”“为什么不行呢？”“这样不好吗？”等。但随着时间不断流逝，原本喜欢提问的孩童成长为会思考的大人，却逐渐丢失了提问这项可以帮助其走向成功人生的核心技能。

提问在工作中扮演着不可取代的角色，确认信息、解答疑问等都需要进行有效提问，但很少有人会注意到不同的提问方式会产生不同的效果。

◆提问的三大原则

高效提问有三大原则，如图 2-1 所示。

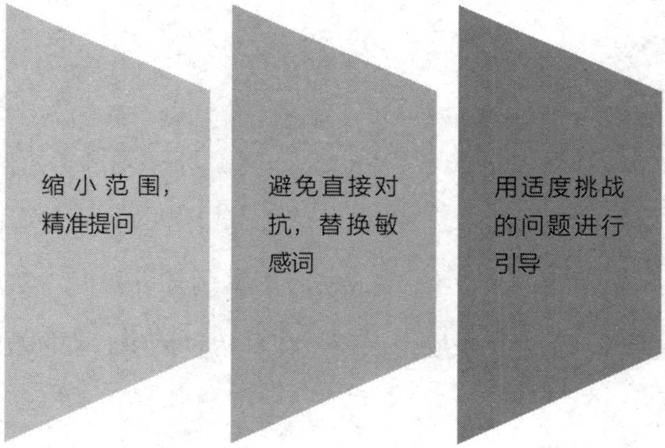

图 2-1　提问的三大原则

（1）缩小范围，精准提问。

例如，一位人力资源总监组织新入职一个月的员工开会，他想通过会议了解这些员工对工作的适应情况。这位总监提问：“大家觉得我们公司怎么样？”会场无一人举手作答，因为这个问题范围过大，而且回答难度很高，回答者需要快速组织答案，并且给出令总监满意的答案，否则可能给总监留下负面印象，被同事嘲笑。

面向鸦雀无声的会场，为得到答案，这位总监点名要求员工作答，他说：“大家畅所欲言，不要有所顾虑，小周，我看你适应工作挺快，你来说说你的想法吧。”听到总监点名，小周只能硬着头皮说：“挺好的，我觉得挺好的。”即便总监再点名其他员工回答，得到的基本是小周这种敷衍、模糊的答案。

如果这位总监缩小问题范围，进行精准提问，效果可能会大不相同。例如，总监可以先从饮食方面切入：“公司的伙食大家觉得好吃吗？”不用总监点名，很多员工会自己站起来回答“嗯，好吃。”总监点名回答时，员工也会更积极地表达自己的观点，如“整体挺好的，就是稍微有点辣，刚开始时还不习惯，现在已经基本习惯了。”“还行，就是重油重盐，如果能清淡点就更好了。”

谈完饮食后，总监可以就工作量、团队氛围、企业文化等进行提问，最终得到预期答案。这提醒我们，有效提问的一个关键点就是先问简单、具体的问题，了解回答者对问题的态度，如果他们愿意回答，再逐渐扩大提问范围。

（2）避免直接对抗，替换敏感词。

著名主持人蔡康永表示，在多年的主持生涯中，他采访了很多嘉宾，有时不得不问一些令嘉宾感到尴尬的问题，甚至会让嘉宾很不高兴。怎么解决这个问题呢？最好的办法就是换一个“nice”的方式提问，即避免直接对抗，替换掉敏感词。

例如，提问一名教授关于他涉嫌学术作假的事情，如果开门见山地直接提问：“× 教授，最近有媒体报道您的《××》论文是抄袭的，这是真的吗？”听到这个问题，这位教授必然会恼羞成怒，导致采访根本无法进行。但如果这样提问："× 教授，我们收到了一份美国的美术期刊，上面这篇论文跟您发表的《× ×》论文内容上有一些重复，有 3000 字左右。您怎么看这件事情？"

对于教授等科研人员来说，抄袭是一个非常敏感的词汇，听到这个词汇后，他们会情绪激动，导致沟通难以进行，而将其替换掉，用更委婉的方式提问，虽然也会让氛围有些紧张，但不会阻碍沟通，可以保证采访顺利完成。

（3）用适度挑战的问题进行引导。

因为某个跨部门项目，小李希望得到某个部门领导的支持，但他对这个领导的了解程度不够，而且小李只是一个基层员工，很难有机会与这位领导面对面沟通。面对这一情况，小李想先找一位这位领导所在部门的同事了解该领导的情况，小李找到了小刘。

午餐时间，小李邀请小刘一同就餐，直接问道："小刘，容我八卦一下哈，你觉得你们部门领导怎么样？"结果和预想中一样，小李没有得到任何有价值的回答。因为背后议论领导是职场大忌，轻则被警告罚款，重则影响晋升甚至被辞退，何况小刘并不是熟人，他不愿意承担这种风险。

如果小李换一种方式进行提问，用适度挑战的问题进行引导，可能会得到想要的答案。例如，小李说："小刘，我听说你们部门领导性格非常好，无论对部门下属，还是其他部门的同事都非常友好。"听到这样的说法后，小刘可能会主动透露一些你想要的信息。例如，这位领导性格确实很好，但有时也比较挑剔，比如对某些事……最终，小李凭借这些信息与这位领导开展了一次有效的沟通，成功地获得了领导的支持。

◆ 好问题的四种模型

为了达到目的，职场人需要提出合适的问题。那么，什么才是合适的问题？合适的问题有什么标准？下面分享四种问题模型，供读者参考借鉴，如

图 2–2 所示。

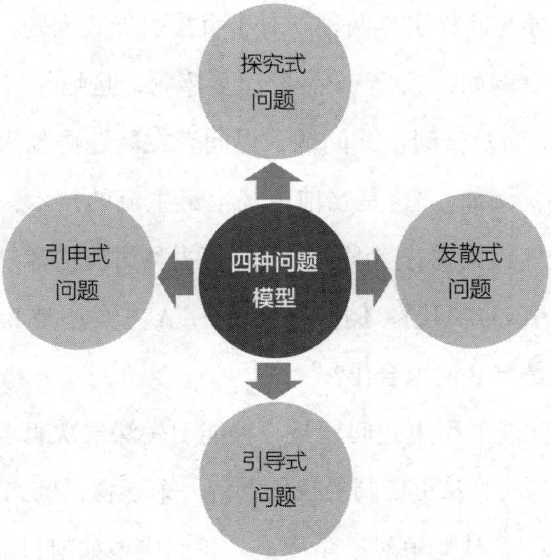

图 2–2 四种问题模型

（1）探究式问题。顾名思义，就是探索研究的问题，是指对现有资料进行筛选、比较、分析、归纳、提炼、推理，进而提出见解与主张甚至发现新问题的问题。在沟通过程中，提问探究式问题可以帮我们理清已经说过的内容，发现内容背后的意图，促使沟通双方更加了解彼此，达到沟通目的。“为什么你这么想？”“你能不能给我更多的细节信息？”都是典型的探究式问题。但职场人在沟通时通常不会问这些问题，因为他们更倾向于从自己的角度进行假设，以便补充那些缺少的信息。

（2）发散式问题。发散式问题是一种能够令人发散思维、引发思考，从多种角度给出答案的问题。在沟通过程中，为了避免忽略新思维、新方法、新方向、新应用，职场人需要提问发散式问题，例如，“这个产品有哪些渠道可以销售给用户？”“这个功能的应用场景有哪些？”“这个活动有哪些改进方向？”等。

（3）引导式问题。引导式问题是一种引导沟通对象给出想要答案的问题，分为直接引导与间接引导两种。对于直接引导式问题，回答者通常只能给出肯定性答案，例如，“这个产品设计多棒啊，是吧？”“这个客户真难缠啊，是吧？”等。而对于间接式问题，提问者在问题中加入心理暗示，引导回答者给出答案，例如，“这是当前市场上最主流的技术，不知道你打算用哪种？”“今天天气预报说有阵雨，你还打算去拜访那位客户吗？”等。此外，还有一种选择性引导式问题，例如，“你想用 A 方案还是 B 方案？”“你打算和 A 商家合作还是与 B 商家合作？”等。

（4）引申式问题。引申式问题是一种能引发深层次思考的问题，有助于我们认清事物的本质，从更广阔的视角看待一个事物，例如，“长期来看，最大的痛点是什么？”“从竞争对手角度上，我们应该如何打败这款产品？”“A 品牌提出这个想法的真正意图是什么？”等。

恰当提问，获得领导认同

小李是市场部校招的实习生，在面试过程中，小李表现得对公司的目标用户、服务标准等非常熟悉，刚开始时领导非常看好他。但两个月后，领导发现自己识人有误。因为在工作中，小李依然就像第一天入职的员工一样，遇到什么问题都向领导汇报请示，包括与客户联系是用电话还是电子邮件等无足轻重的小事。久而久之，领导对小李产生了厌烦情绪。

对于领导的态度变化，小李当然也有所感知，经过几次不愉快的沟通，小李不再轻易地向领导请示工作，哪些问题应该向领导请示，哪些问题不应该向领导请示，小李感到很困惑。就在距离实习期结束还有一个星期时，小李因未能及时向领导请示，导致其负责的项目进展缓慢，影响了其他同事的工作进度，遭到公司的通报批评，自然也没能顺利地通过实习期考核，被人事部经理婉言辞退。

对于这家公司来说，小李具备一定的优势，否则很难在竞争激烈的校招面试中得到认可。问题的关键在于小李缺乏主动思考与灵活变通能力，不知道如何向领导有效提问，自然很难在职场中生存下来。

在工作过程中，向领导提问是一项基本能力，如果缺乏这种能力，工作效率与质量将深受影响。什么问题应该向领导提问，什么时间、什么场合、用什么方式向领导提问，都需要职场人认真思考。向领导恰当提问，不但可以得到想要的答案，还能得到领导的认同，给领导积极上进的良好印象。如果提问不当，可能会招致领导厌恶。在职场中，一旦被领导厌恶，最终结局只能是被淘汰。经调研发现，员工在公司提问的情况主要有三种：其一，几乎不提问，只知道埋头工作；其二，事无巨细，所有事情都要提问；其三，恰当提问。

员工不提问的原因主要表现在以下两个方面：一方面，他们不愿意和领导沟通，不想给领导带来麻烦，破坏自己在领导心中的形象；另一方面，他们认为在项目没有完成前存在很多不确定性，此时向领导汇报没有太大意义。因此，这类员工存在一个普遍状况就是只埋头工作，虽然不会给领导“添麻烦”，但这种闭门造车的工作方式很容易因为理解偏差导致无法完成上级分配的任务，而且对团队协作非常不利。

事无巨细地向领导提问的员工，通常是初入职场的年轻人，他们对公司、岗位、用户等感到非常新鲜，对未来的期待感也促使他们更加积极好学。在他们眼中，领导就应该像老师一样，细致耐心地解答他们提出的各种问题。但因为缺乏足够的实践积累，提出的问题通常比较浅显，可能被领导认为很幼稚。

恰当提问是优秀员工一个非常重要的表现，能够恰当提问的员工不会经常提问，但提出的问题总能切中要点，获得同事与领导的支持。很多领导愿意和员工沟通，面对员工的提问时也愿意耐心解答，但只有那些能够自主思考并寻找解决方案，对问题进行总结提炼再提问的员工才能得到欣赏与重用。那么，作为一名优秀的员工，我们如何做到恰当提问呢？以下几种技巧尤为实用，如图 2–3 所示。

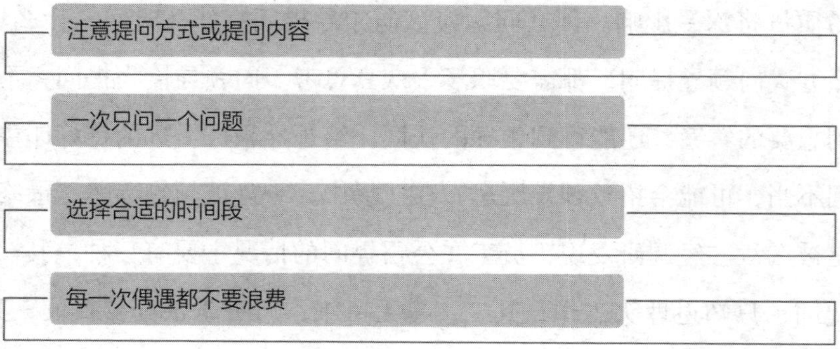

图 2–3　恰当提问的四大技巧

◆ 注意提问方式或提问内容

一些员工经常感到困惑，为什么领导对他们提出的问题没有反应呢？几次碰壁后，他们可能认为领导对自己有意见，但从来没想过问题出在自己身上，因为提问的方式或提问的内容有问题，导致领导很难给出合理的答案。

提问内容错误就如同利用百度、360 等搜索引擎搜索资料时输入的关键词有误，其结果就是，无论翻多少页都无法找到想要的资料。因此，向领导提问必须把控好提问方式或提问内容，给领导提供合适的“关键词”，只有这样，才能得到准确的答案。

很多员工向领导提问时会设置一个框架，导致领导的选择有限，甚至部分问题只能按照员工设定的答案进行回答。而领导往往视野开阔、善于进行系统思考，自然不愿意回答这种没有价值的问题。例如，某员工向领导提问："您觉得市场部王经理做得对不对？"对于这类问题，为避免损害同事关系，破坏自身形象，领导往往只能敷衍作答。

为避免这种情况发生，我们在向领导提问时最好以开放式问题为开头。例如，在和领导沟通主题前先向领导说："我想与您探讨一下这个问题。"然后再陈述自己的想法，围绕疑问点向领导提问，这样才能与领导进行高效沟通。

◆ 一次只问一个问题

一次只问一个问题堪称提问的黄金律，如果一次提问多个问题，很容易让回答者产生被质问与责备的感受，导致沟通氛围紧张、尴尬，严重影响沟通效率与质量。此外，人的精力相对有限，当员工一次向领导提问多个问题时，高密度的信息导致领导短时间内无法完全接收，从而感到迷茫与压迫。无奈之下，领导只能选择一个他认为重要的问题回答，导致其他问题被忽略。如果员工想要得到这些被忽略问题的答案，只能向领导重复提问。

◆ 选择合适的时间段

领导经常向员工表示"有疑问随时与我沟通"，这可能是他们的真实想法。但作为员工要识大体、懂轻重，不能不分时间地向领导提问，否则不仅无法得到想要的答案，还可能影响领导的正常工作，给领导留下负面印象。

试想一下，当你在做一项重要工作时，同事与你沟通打断了你的思路，即便同事也是出于工作需要，你是否仍会有一丝不悦？每个人体内都有一个无形的"时钟"，即生物钟（生理钟），它体现了人类生命活动的内在节律性，是由人体内的时间结构序决定的。

生物钟在工作中的表现称为工作节奏。员工向领导提问时，通常是按照自己的工作节奏来选择时间，但领导的工作节奏可能与员工的工作节奏存在较大差异。为了能够与领导高效沟通，员工必须注意观察领导的工作节奏，选择一个合适的时间段。

同样的问题选择不同的时间段向领导提问可能产生不同的效果。例如，当领导因为工作手忙脚乱时，遇到员工提问，可能会判定该员工能力不足，不仅不能帮忙解决问题，还影响正常工作。但当领导空闲时遇到员工提问，可能会认为该员工积极上进，有进取心，值得栽培。

另外，员工提问时也要关注领导的情绪变化。当领导正在情绪激动地与客户电话沟通时，员工贸然提问，通常不会得到好结果；但当领导心情愉悦时，员工与领导沟通通常能够达到预期目的。

◆ 每一次偶遇都不要浪费

在日常工作环境中，员工可能会在电梯间、吸烟室、茶水间、食堂等地偶遇领导。此时，员工应尽可能地抓住这一机会向领导提问。例如，员工在电梯间偶遇领导，在与领导简单地打招呼后，可以主动和领导讨论一些工作上的问题，这样既能打破沉默的氛围，也可能给领导留下好印象。

能否处理好与领导的关系直接关系着员工的职业发展。学会向领导恰当提问可以帮员工获得领导信任与支持，职业发展自然会更加顺利。这要求员工把握好提问的分寸，不能一言不发，也不能事无巨细，所有事都向领导提问，同时要多观察、多思考，遇到问题先设法自行解决，如果需要向领导请示时，要先做好准备。如果想要领导给予积极回应，尽可能避开领导工作繁忙或情绪不佳的时间，并且一次只提一个问题。

巧妙提问，挖掘前辈知识库

职场前辈拥有丰富的专业知识、实践经验，可以成为职场新人成长路上的指明灯。作为一名职场新人，想要学习职场前辈的知识、经验，不能被动地等待前辈分享，需要主动观察学习，积极提问。如何才能向职场前辈巧妙提问，充分挖掘这一宝贵的知识库，是职场新人面临的普遍问题。下面从提问前、提问中、得到答案后三个阶段对这个问题进行解答。

◆ 提问前

向职场前辈提问前必须思考以下问题：

（1）利用自己拥有的资源能否解决问题？

（2）哪位职场前辈能帮我解答这个问题？

例如，当你想要向职场前辈提问“向市场部转岗时需要做什么准备”这一问题时，首先要思考自己有哪些知识储备、工作经历等可以适应市场部岗位，然后再思考哪位前辈可以解答这个问题，公司有没有从其他岗位向市场部成功转岗的职场前辈？如果有，他的经验是否适合你呢？

◆ 提问中

为了让提问更加正式，让职场前辈感受到被重视与尊重，提问者要将问题整理成书面形式。提问中的八大关键点如图 2–4 所示。

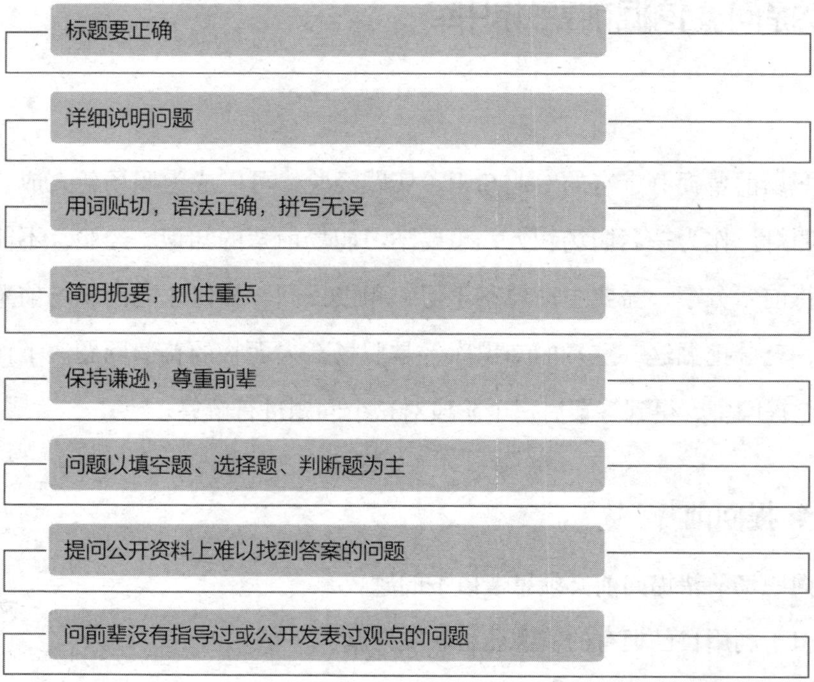

图 2-4　提问中的八大关键点

（1）标题要正确。提问时要使用精准明确的标题，避免因标题模糊、歧义等产生无效沟通，浪费双方时间。

（2）详细说明问题。提问时要具体详细地书写问题说明，问题说明越详细，职场前辈给出的答案就越精准。例如，描述问题的具体表现，自己针对这些问题做了哪些方面的努力，期望从哪些方面得到帮助，等等。

（3）用词贴切，语法正确，拼写无误。如果向职场前辈提供的书面文件存在文字拼写、语法、用词等各种错误，将严重影响对方的阅读体验，给对方留下较差的印象。因此，提问者要尽可能地避免这些问题，将自己的疑问整理成书面文件后多次浏览修改，请家人、朋友、同事等帮忙检查。

（4）简明扼要，抓住重点。向职场前辈提供的书面文件应尽可能地简明扼要，让其能快速抓住重点，给出你想要的答案。

（5）保持谦逊，尊重前辈。谦逊是一种良好品格，谦逊的人可以得到更多的支持与帮助。作为职场后辈，请职场前辈帮忙解答问题时要多用“您”“请”“谢谢”等，让对方感受到你的尊崇之意、感恩之心。面对一个彬彬有礼的后辈，大部分职场前辈会乐于向其分享自己的知识、经验。

（6）问题以填空题、选择题、判断题为主。为什么要问填空题、选择题、判断题呢？因为这些问题比较具体、精准，回答难度较低。如果直接提问“请问怎么做市场营销”等这种问题，会让职场前辈感到非常困扰，因为市场营销是一个非常宽泛的概念，这个问题不是通过简单的沟通就能解决的，即便是工作经验非常丰富的前辈，也无法通过只言片语给出准确答案。

因此，为了提高沟通效率，得到预期的答案，提问的问题应尽可能地采用填空题、选择题、判断题的形式。下面结合具体案例进行详细说明。

案例1

“我现在是行政助理，想成为行政主管，请问有什么建议吗？”

改进：

填空题式提问——“我现在是行政助理，想成为行政主管，请问作为行政助理我首先需要提高哪些方面的技能呢？”

选择题式提问——“我现在是行政助理，想成为行政主管，请问对于我现在的岗位，内勤、公文、沟通、考核、福利这几个方面，哪几个方面最重要呢？”

案例2

“我现在想申请向行政部转岗，请问申请书怎么写？”

改进：

判断题式提问——“我现在想申请向行政部转岗，请问转岗申请书上的兴趣爱好有没有必要填写？”

填空题式提问——“我现在想申请向行政部转岗，请问转岗申请书上哪个部分最重要呢？”

（7）提问公开资料上难以找到答案的问题。如果通过查阅公开资料就能找到答案，员工应该自己查找，有些资料可能需要支付少量费用，购买即可，要知道自我投资就是最好的投资。一般来说，知识型问题往往可以在公开资料中找到答案，例如，“企业 VI 是什么意思？”“SEO 营销是什么意思？”等。归纳型问题因为需要较为丰富的知识储备以及较高的时间成本，可能无法在公开资料中找到答案，这类问题就比较适合向职场前辈请教。

（8）问前辈没有指导过或公开发表过观点的问题。向职场前辈提问时，要先回忆一下他以前是否就这个问题做过指导，如果有过指导经历，当时他是怎么指导的，你的疑惑之处在哪里，想清楚之后再向他提问。同时，员工可以通过公司内网、内刊或前辈公开发布的博客、出版的图书等渠道了解他是否围绕该问题发表过相关观点，了解了这些信息后再向他提问，将大幅度提高提问效率。

◆ 得到答案后

（1）懂了。前辈的回答帮你实际解决问题后，要及时表示感谢，并发布个人说明，向对方说清楚你的疑惑是怎么得到有效解决的。当然，简单说明即可，没必要详细描述解决问题的整个过程。一方面，你可以利用这个机会整理思路，掌握类似问题的解决能力；另一方面，可以让职场前辈感到一些满足。

（2）仍有不懂。如果职场前辈给出的答案无法帮你完全解决问题，不要着急进行进一步提问，要先思考是否遗漏了关键信息，然后再向对方请教，并将你已经学到的知识告知对方。

（3）维系情感账户。情感账户是对人际关系中相互信任的一种形象比喻，存款可以建立、增进、修复关系；而取款则会使人际关系变得疏远。维护与职场前辈的情感账户，并不一定要私下面对面交流，例如，请他喝一杯咖啡、吃一顿饭等，在前辈给予帮助后真诚地道谢，对前辈彬彬有礼等，都属于向与职场前辈的情感账户中“存款”。

此外，有时向前辈请教问题可能没有得到实质性的帮助，但不应该因此而泄气，更不能埋怨对方，可能对方真的很忙，或者对于这个问题了解不多。面对这种情况，仍要向对方表示感谢。

友善提问，和谐同事关系

团队沟通是团队管理的核心技能，而提问是团队沟通的重要环节。作为一名团队管理者，一个项目能否高效、高质量地完成，团队成员是否愿意服从你的管理，你在团队中的话语权如何，在很大程度上取决于你能否正确提问。那么，团队管理者究竟应该如何向下属提问呢？

◆ 通过提问建立信任

对于一名团队管理者来说，想要让团队成员积极配合并做好工作，让团队保持较强的战斗力，最关键的一点就是得到团队成员的信任，只有这样，团队成员才愿意听从你的建议与意见，并按照你的想法认真工作。

为了与团队成员建立信任，在日常工作中，团队管理者需要通过“提问”向对方表达关心与关爱。例如，在寒冷的冬季，一位团队成员应客户邀请出差时，除了告知与客户沟通的要点、技巧外，还应该提醒对方注意保暖，如

“最近天气很冷，客户那边气温好像更低，你准备好保暖的衣服了吗？”

午餐时间是团队管理者与团队成员增进情感的绝佳时机，在这种比较轻松的场合中，不宜使用“最近怎样？”“最近好吗？”等较为敷衍的问题，可以提问一些比较私人的问题，如“你家孩子现在上小学了吧？”“你的驾照现在拿到了吗？”等，往往效果更佳。

员工给出答案后，团队管理者可以向其分享一些自己或者朋友的经历，这样一来，随着双方沟通持续深入，员工可能会分享他的压力与烦恼。当员工愿意向你敞开心扉时，说明你已经获得了他的信任。当然，有时也会出现询问员工问题但得到的回答非常简单、敷衍的情况，这说明双方的信任度还有待提高，或者员工此时心情不佳。面对这种情况，团队管理者不必刻意与对方沟通交流，更没必要因此生气或急躁。只要你足够真诚，对方一定能感受到你的关心。

◆ 通过提问给予鼓励

遭遇挫折、失败时，我们经常听到上级质问：“这个问题我说了很多次了，为什么你还是这样做？”面对这种情况，说“对不起”似乎是我们唯一的选择。这种提问方式对于一些积极乐观的人可能不会产生负面影响，但大多数人听到这样的话会产生挫败感，与提问者的关系也会变得更加疏远。

作为团队管理者，你的责任并非将员工培养成另一个你。在中国，“教育”一词最早可追溯到《孟子·尽心上》：“君子有三乐，而王天下不与存焉。父母俱存，兄弟无故，一乐也；仰不愧于天，俯不怍于人，二乐也；得天下英才而教育之，三乐也。”据此，许慎在《说文解字》中解释道：“教，上所施，下所效也。育，养子使作善也。”意思就是：教育中的教是指父母做示范，引导孩子模仿、学习，育是指使孩子做善良的、好的事。

在西方，教育（Education）一词出自苏格拉底，其中“E”表示外向、对外，“duca”表示引导，“tion”作名词。因此在西方人看来，教育就是引导，通过引导将一个人的内心释放出来，帮助他成长为自己的样子。

这提醒团队管理者在管理团队成员时，要注意通过发问引导对方向着他擅长的方向思考，实现人尽其才、物尽其用。如果向团队成员提问了某个问题，对方给不出答案，团队管理者可以采用与他共同思考的方式进行引导，在不知不觉中给他提示。

例如，某人负责的一个项目竞标失败，团队管理者可以这样引导其思考：“你从这次经历中学到了很多吧？现在你明白为什么招标方选择对方公司的方案了吗？”通过这种提问引导团队成员思考问题所在，找到竞标失败的原因。然后再向对方提问：“你觉得下次再参加类似招标会时怎么办？”引导对方思考解决方案。如果对方给不出有价值的答案，团队管理者可以表示“以我的经验来看，我们可以从 ×× 方面着手，你在这方面有没有思路？”通过逐步引导，帮助员工建立察觉并解决问题的思维模型。

直接告诉员工答案是非常低级的做法，人普遍倾向于通过自己的努力走向成功，因为在这个过程中，人能获得巨大的成就感与自豪感。如果团队管理者可以让团队成员意识到他能自己思考并解决问题，他将变得更加努力、自信。就像戴尔·卡耐基所说的：“将命令的口吻变为发问，不但能使人心平气和地接受，还能进一步激发其创造性。”

◆ 通过提问激发创造力

习惯的力量是惊人的。在工作中，绝大多数员工习惯从自身的角度思考问题，只有少部分人可以从上级、团队、部门乃至整个公司的角度思考问题。因此，团队管理者需要提问一些具有较强拓展性的问题，帮助员工打破思维桎梏，从更多的视角进行创造性的探索与实践。为达到这一目的，团队管理者可以运用以下技巧。

- 使用类似“更好、更多、更强”的副词，例如：

“假如做该项目时，能思考得更深入一些，是不是和当前的效果就不同了呢？”

“这里你提供了三个方案，是否存在第四个甚至更多的方案呢？”

“你刚才说明了你在该项目中存在的问题，这些问题对你日后的工作有什么启发呢？”

- 帮助团队成员转换思维，从新的视角进行思考。例如：

“假如你是赵经理，这个问题是不是有不一样的看法？”

“想一想正在和我们抢夺华中市场的竞争对手们，他们会如何解决这种困境呢？”

- 帮助团队成员转换场景。例如：

“你刚才提到的这个思路在场景A中比较适用，那它在B场景中是否也有类似效果呢？”

想象成功时的场景。例如：

“假设公司给了我们团队无限的资源支持，对于这个项目，你脑海中最佳的成长画面是什么呢？”

◆ 人性关怀

团队管理者不能只关心团队成员的业绩，更要关心其个人，尤其要了解其价值观、期望、担忧、原则、驱动力等。

比如团队管理者可以这样向团队成员提问：

- 提问价值观——“你说希望能获得更多的价值感，这对你有什么意义呢？”
- 提问价值观——“你说这种竞争手段让你很难执行，难以执行的竞争手段对你而言意味着什么呢？”
- 提问期望——“你想要实现这个目标，这对你的生活与工作会产生什么样的影响呢？”

- 提问担忧——“这个战略让你感觉有什么风险呢？”
- 提问驱动力——“你谈到了归属感，归属感对你的职业意味着什么呢？”

◆ 双方能量对等

团队管理者是团队成员的上级，由于双方权力的不对等，后者在与前者沟通时可能会有很多顾虑，从而影响沟通效率。为了改变这种情况，团队管理者需要在团队中营造一种“畅所欲言”的沟通氛围。虽然团队管理者与团队成员在权力上不对等，但可以在能量上对等，为此，团队管理者需要尊重每一位团队成员，客观地评判他们的想法与观点。这在提问中怎么体现呢？最简单、有效的方式就是与团队成员沟通时注意匹配其音量、语速、节奏等。

◆ 不提隐含结论与暗示的问题

带有隐含结论与暗示的问题会限制回答者的思维，类似“我的想法是……你们怎么看？”“看来这个项目已经很难做下去了，你们怎么想？”“王总刚才和我电话沟通说他不建议用这个方案，你们怎么认为？”……这些问题很难让团队成员客观公正地表达他们的观点。因此，团队管理者向团队成员提问时，规避带有隐含结论与暗示的问题很有必要。

公司会议，做一个聪明的提问者

很多公司会在会议结束前设置一个自由问答环节，与会人员可以提出自己的问题让相关人员进行回答，但该环节经常出现一种情况：绝大多数与会者保持沉默，一言不发。为什么会出现这种情况呢？一方面，因为部分员工缺乏在公开场合发言的勇气；另一方面，因为部分员工担心说错话影响自身形象甚至职业发展。怎么才能改变这种状况呢？首先要让与会者认识到以下两点：

（1）提问能够促进自我学习成长。会议是思想交流碰撞的重要舞台，在这个舞台上，我们不应该只做被动接受者，更应该做积极发声者。当然，不是每一个人都能在会议上侃侃而谈，但我们都可以通过提问发声。提问最直接的作用就是表达出自己的疑惑，让回答者帮我们解答这些疑惑。而且在会议这种公开场合，回答者迫于各种压力会给出更专业、更细致的答案，对我们的学习成长很有帮助。

（2）提问以共同讨论问题为目的，提问者要友善、虚心地提问。有时，在会议自由问答环节会出现不和谐的情况，提问者故意提问一些让回答者尴尬的问题，比如，“××这个想法挺好的，但有一点我很疑惑……”“××这个方案不大实用吧！我很困惑……”这种问题让回答者很被动，同时，提问者也很容易给别人留下咄咄逼人、无法长期共事的不良印象。那么，在公司会议上，与会者有疑问时究竟应如何提问呢？会议提问的七大要点如图 2–5 所示。

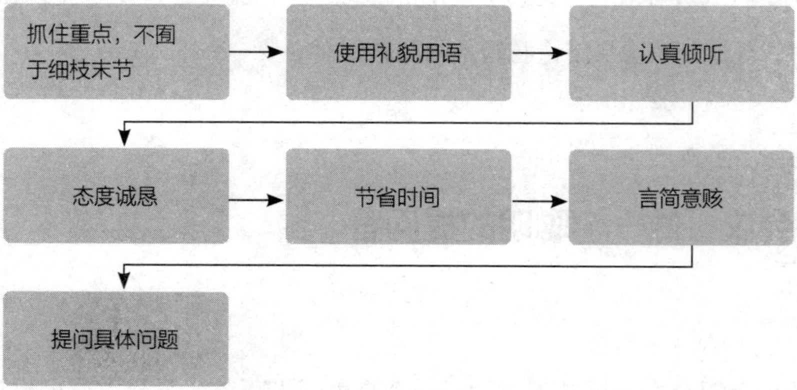

图 2–5 会议提问的七大要点

- 抓住重点，不囿于细枝末节。在公开场合发言要承受较大的压力，发言人可能会出现表达错误。同时，发言人的有些观点、思路是在短时间内形成的，可能整体方向正确，但细节还有待商榷。面对上述情况，你不应拘泥于细微部分，要有重点地提问，不能“鸡蛋里挑骨头”，抓住细节不放，否则会招致回答者乃至所有与会人员的厌恶。

- 使用礼貌用语。在公司召开会议这种公开场合提问，务必要注意自己的态度与用语，尽可能地以商讨的态度沟通，多使用“请问”“请您”“麻烦您”“希望您”“还请您”等敬语，例如，“抱歉，您提到的关于 ×× 的部分我有些困惑，能否请您帮我解释一下……”“请问如果遇到 ×× 情况，我们是否可以将方案稍微调整一下……”等。如果回答者给出明确的解答，你也同意对方的观点，应立即表示感谢；如果对对方的回答仍有异议，可以继续提问直到得到预期的结果，并向对方表示感谢。

- 认真倾听。当回答者就你提出的问题做出回答时，你应该认真倾听，一方面表示对对方的尊重，另一方面可以更好地掌握回答者的回答内容，这种内容不仅包括语音内容，更包括动作、面部表情等无声内容，不要因为忽略了其中某个细节导致出现理解偏差，影响沟通效率。

- 态度诚恳。公司召开会议的目的是解决问题、分享知识与信息等，不是为了争论，因此，提问者保持诚恳的态度很有必要。即便遇到自己不认同的观点，也应该以商讨的方式进行沟通，而不是通过争论证明你的观点是正确的，对方的观点是错误的。

某公司召开一个关于战略转型升级的会议，部门经理 A 在分享自己的观点时列举了公司目前因为生产模式、组织架构滞后引发的一系列问题。部门经理 B 认为部门经理 A 列举的问题是在含沙射影，讽刺自己部门管理不善，在自由问答环节与部门经理 A 产生了激烈地争论，并列举了自己部门的一些数据进行反驳。

事实上，部门经理 A 列举的这些问题在各部门普遍存在，只不过由于具体业务的差异，某些问题在部分部门表现得比较突出，而公司转型升级正是为了解决这些问题，因此，部门经理 B 的做法完全没有必要，只会让与会者认为他抓不住会议重点，缺乏战略思考能力。

- 节省时间。会议时间成本非常高，因此，在会议中提问应该注意节省会议时间，想清楚重点再提问，尽可能地让提问有代表性，确保问题质量，这样既节省自己的时间与精力，也让其他人有提问的机会，让更多思想实现交流碰撞。
- 言简意赅。提问前需要对问题进行总结提炼，力争用简短的语言将问题讲清楚。有些提问者在会议提问时缺少对问题的总结，阐述问题时很容易陷入自我陶醉状态，严重影响其他与会者的会议体验，阻碍会议进程。
- 提问具体问题。具体问题回答难度较低，问题双方容易达成统一观点，而模糊、宽泛的问题由于有多种解读方向与思路，回答者给出的答案可能不是提问者想要的，从而引发过多争论。因此，在会议中应尽可能地提问具体问题。

第3章 倾听力
端正心态，提升职场人气

深度倾听，打造教练式领导力

教练式领导力可以充分调动员工工作积极性，发挥其工作潜能，使其高效完成工作目标，从而推动组织持续发展壮大。而深度倾听是教练式领导力的一项核心能力。中国人相对含蓄内敛，有时说出的话和内心真正的想法存在一定的偏差。例如，一个上小学的孩子想要一台学习机，但之前妈妈曾表示不给他买，因为担心他用学习机玩游戏，所以，这个孩子想用迂回策略改变妈妈的想法。

孩子："妈妈，我有一个秘密要告诉你。"

妈妈："什么秘密呀？"

孩子："我发现我的同桌用学习机，前后左右的同学都在用学习机。"

妈妈："妈妈知道了，同学们都有学习机，但你不是他们，你肯定不能用。"

说完，孩子大失所望，一个星期不想跟妈妈说话。为什么会出现这种情况呢？因为这位妈妈不懂得深度倾听。在传统思维模式中，倾听的目的是做决策、解决问题、提供建议等，指导他人时，其关注的重点是怎么说，而不是听。因此，大部分人倾听的重点不是理解，而是为自己的回答做准备。然而，倾听是与被指导者开展深度沟通的关键所在，善于倾听是当代管理者的一项必备技能。

◆ 倾听的三个层次

倾听由倾听事实、倾听情绪、倾听需求三个层次构成，如图 3–1 所示。

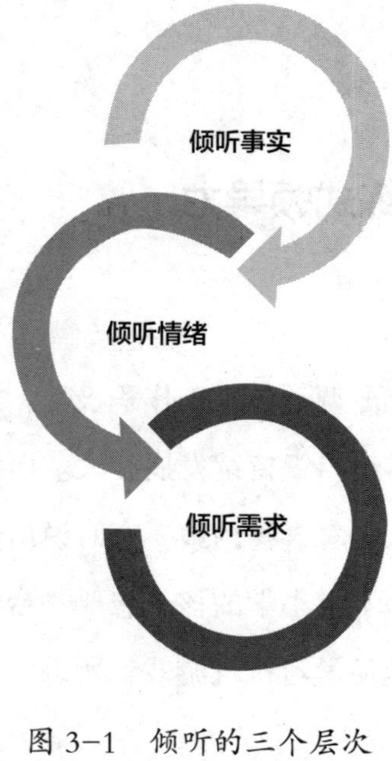

图 3–1　倾听的三个层次

（1）倾听事实。倾听事实是指管理者要倾听下属所表达内容的真正含义。这个虽然很容易理解，但在实际沟通时，很多管理者无法做到这一点。对于一个事件，每个人都有自己的态度与观点，理解他人的态度与观点是管理者的基本素质。很多管理者在管理过程中太过自我，只从自己的角度出发评判下属的观点，导致双方的沟通非常低效，甚至可能引发无效沟通。怎么避免这个问题呢？非常简单，管理者只需要向下属简单描述自己对对方所陈述事实的理解，来确认对方的观点即可，例如，“你刚刚的意思是说想要按照A工艺去生产产品，而小组长却计划用B工艺生产，是这样吗？”

（2）倾听情绪。倾听情绪是指管理者要倾听下属内心情绪的变化，这就需要管理者具备同理心，从下属角度思考问题，并注意观察下属的表情动作、语气变化等。与倾听事实相同，管理者在倾听情绪时也可以和员工进行简单确认，例如，管理者可以这样表示：“听起来你对公司的转岗安排感到非常担忧，面对新岗位有些不知所措，是吗？”

（3）倾听需求。倾听需求是指管理者理解下属的真实需求。管理者只有理解下属的真实需求，才能最大限度地利用现有资源满足其需求，充分激发其潜能，否则可能会出现管理者投入大量资源，但下属仍不满意的情况。

◆ 深度倾听的三大原则

著名作家马克·吐温（Mark Twain）曾表示：“上帝给了人类两只耳朵和一张嘴巴，是希望人类少说多听的。”由于中国人相对内敛，管理者在倾听时，要学会听到下属的言外之意。为了更好地激励下属成长，管理者可以鼓励下属自由地表达自己的想法与观点，并引导其进行自主思考，让下属体验到自己解决问题的快感。

管理者学习深度倾听，要先从改变倾听行为做起，这样才能逐渐将深度倾听转化为自己的习惯。怎么改变倾听行为呢？管理者在倾听时要遵守以下三大原则（见图3–2）。

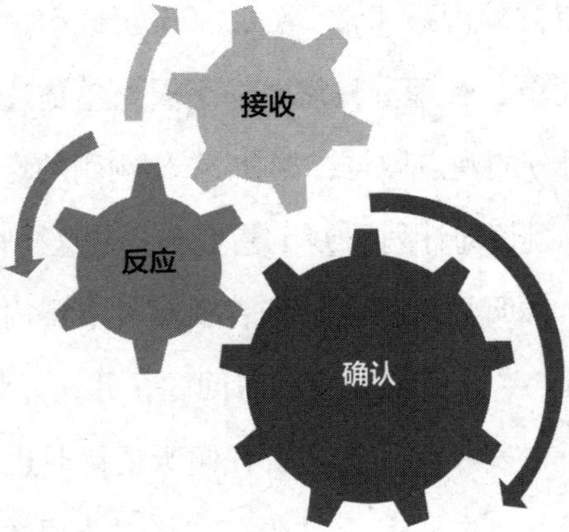

图 3-2　深度倾听的三大原则

（1）接收。接收是指管理者要先放下自己的态度、观点，深度思考下属的态度与观点，尽可能地让下属多表达。因为只有下属将自己的想法与观点充分表达出来，管理者才能更深入地了解他们，为其提供更有针对性的指导。

（2）反应。反应是指管理者在倾听过程中要给予下属一定的反馈，让后者明白你是在认真听他讲话。这种反馈既可以是语音反馈，也可以是表情、动作等非语音反馈。例如，眼睛注视下属、向下属点头或微笑等。当然，眼睛一直注视着下属也不可取，最好的方式是看向下属头与肩膀的中心位置，偶尔与之对视即可。

记录也属于一种非语音反应。在日常生活与工作中，我们经常会看到一些对自己的生活、工作有帮助的知识、经验、技能，当时以为这些已经全部记忆在脑海中，并且想着要将其应用于以后的实践活动中，但没过几天，便将这些东西忘得一干二净。这是为什么呢？因为人的记忆力有限，很难真正做到过目不忘。所以，在倾听下属表达时，简单地记录防止遗忘也很有必要。同时，在倾听的过程中做记录也能彰显管理者对下属的尊重。尊重别人的人自然会得到别人的尊重。

保持肢体动作同步，对管理者实现深度倾听也非常重要。正所谓“物以类聚，人以群分”，如何判断人与人是否属于一个“群”呢？最简单的方式就是观察双方是否有共同的动作、习惯。当管理者与下属肢体动作同步时，会让下属在潜意识中认为管理者是站在他这边的。

除了肢体动作同步外，管理者还可以使用同样的语音、语调对下属某句话或某个关键词进行重复，这能让下属产生管理者在附和自己的感受，从而对其敞开心扉，与管理者开展深层次的互动交流。当然，重复不能过多使用，否则会让下属感到困惑或认为管理者太虚伪做作。

（3）确认。确认是指管理者向下属确认自己已经理解了对方的意思。例如，管理者可以表示：“让我们来明确一下，你是……的意思吗？”“你刚才说的话是这个意思吗？”“根据我的理解，你说的是……的意思吗？”等。确认不仅有助于避免理解偏差，还能让管理者与下属产生共鸣，营造良好的沟通氛围。

◆ 妨碍倾听的四种行为

有些行为会阻碍倾听，使管理者与下属难以高效、高质量地沟通。妨碍倾听的行为有很多，其中建议、安慰、批判、质问四种行为的负面影响尤为强烈，管理者与下属沟通时应避免过早地出现这四种行为（见图 3–3）。

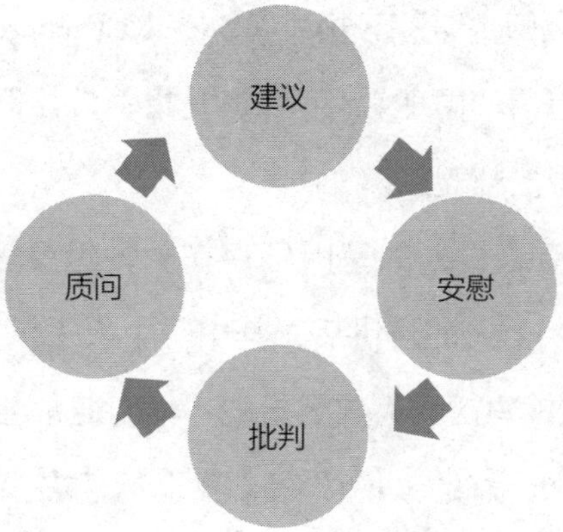

图 3–3　妨碍倾听的四种行为

（1）建议。例如，“如果你这样做……将有很大的收获”“如果是我，我就……”等，这样会使下属对自己的行为方式、工作能力产生怀疑，自信心受挫。

（2）安慰。例如“这个问题并非你的原因，你已经尽力了……”“唉，你真倒霉……”等，这样会让下属产生被同情的感觉，认为自己“低人一等”，从而产生抵触情绪。

（3）批判。例如“就你现在的能力，还想……”“这种小事怎么还能做成这样？”等，这样的批判会直接影响下属的情绪，拉远双方的距离，使沟通难以进行。

（4）质问。例如“这个问题是从几月份开始出现的？”“你有没有考虑过客户为什么要这么做呢？”这样的质问会让下属产生羞愧感，严重打击下属的自尊心，很有可能让下属产生“自己一无是处”的认知，从而一蹶不振。

同理心倾听，先寻求理解，再寻求被理解

美国著名管理学大师史蒂芬·柯维（Stephen Richards Covey）曾提出“同理心倾听”的概念。何谓“同理心倾听”，是指不带任何立场与成见地倾听与自己不同观点的人的想法与观点。

在史蒂芬·柯维看来，人的基因里存在一种想要评论他人的自然倾向。例如，当一群人听完一个人的演讲后，其中一个人表示：“我不喜欢那个人的演讲。”此时，听到他这句话的人怎么想呢？他们通常会从自身的观点出发对这句话进行评判，例如，有的人说：“嗯，我也不喜欢。”有的人说：“不是啊，我感觉讲得挺好的。”

如果一个人学会了同理心倾听，那么他在听别人表达某种观点时的反应会是:“为什么你这么想呢？我想知道你的看法。”即便不同意对方的观点，也能收获一种新的思路。

倾听可以分为听而不闻、虚假倾听、选择性倾听、专注倾听、同理心倾听五大层次，从左到右，层次逐渐深入，如图 3-4 所示。在职场沟通时，前两个层次尽可能地不要使用，第三个层次可以偶尔使用，第四个与第五个层次应经常使用。

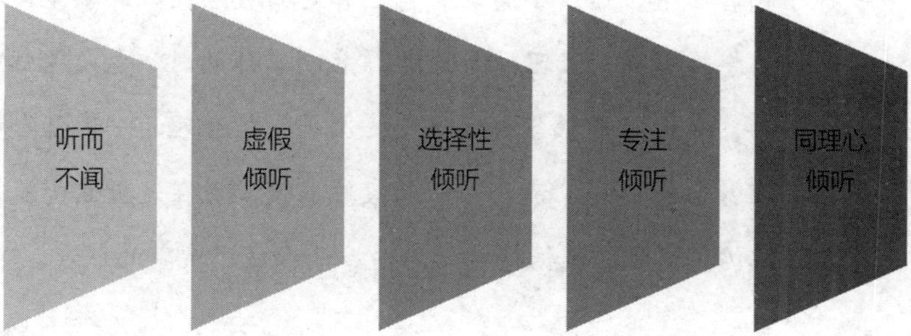

图 3-4　倾听的五大层次

同理心的重要性已经无须多言，各行业专家学者都曾做过论证。对于职场人来说，如果没有同理心，其职场生涯很难长久地持续下去。在日常生活与工作中，我们经常提到的“设身处地”“将心比心”等词汇便是指同理心。职场前辈、培训机构的教练、部门领导经常告诉我们，当与其他人的沟通遇到困难时，如果能够设身处地地为他人着想，尊重他人的想法与感受，一定能找到有效的解决方案。

职场沟通中的误解与冲突大多来源于双方的不理解，如果双方都能将自己放到对方的位置去思考，了解对方决策与行动的目的与初衷，很多误解与冲突将不复存在。职场沟通没有固定的套路、公式，以合作共赢为基础，感受对方的处境，为双方留下一定的空间，沟通将变得简单、高效。

留学生小美在英国一家快餐店兼职，一天，她不小心将一小包糖误作咖啡伴侣[①]提供给了一位男性顾客。没想到这位男顾客当场发飙，情绪激动得大喊大叫，因为他正处于减肥期，他要求自己绝不食用一切与糖有关的食物。当时，小美被顾客吓坏了，她从来没有遇到过这样的顾客，站在那里不知所措，脑子一片空白，培训时学习的相关知识与技能忘得一干二净。

快餐店经理闻声赶来，他告诉小美："如果我是你，就立即给这位顾客真诚道歉，给他一份想要的饮品，并将钱退还给他。"根据经理的指点，小美果然顺利地安抚了顾客。下班后，小美认为自己肯定要被经理批评甚至辞退。但事情并没有像小美想得那样，经理对小美说："我刚工作的时候也是像你一样从服务生做起，当时，我也经常犯各种错误，一次……"经理的一番话令小美非常感动，她在经理身上感受到了亲人、师长般的温暖。现在，虽然小美已经毕业回国工作，但她仍与这位经理保持电话沟通，两人成了亲密的朋友。

试想，如果经理对小美说："你怎么能犯这种低级错误，入职培训时是怎么教你的？以后绝不能再出现类似情况，如果再出现……"这种表述方式会令小美非常受挫，甚至可能因此辞职，而双方更不可能成为朋友。

孔子曾说过："己所不欲，勿施于人。"自己不愿意承受的事情也不要强加给别人，这便是同理心。在听到他人的观点与自己不一致时，我们应该思考其出发点是什么？他为什么会有这样的想法？如果我是他，我会怎么想、怎么做，而不是着急反驳他人。

小赵与小李都是某公司业务部的业务员，小赵非常关注细节，每当发现小李书面报告有问题时便打破砂锅问到底，要求小李提供具体数据和理论进

① 雀巢公司的粉末状奶精品牌，主要成分为植脂末，主要作用是改善口感，提供均衡营养，赋予产品"奶感"。

行说明。但小李认为，这并不是同事间正常的沟通，而是故意责难。于是，小李在一次部门聚餐时委婉地表达了自己的想法，小赵当场表示自己绝不是故意责难，而是对事不对人。

小李本以为小赵此后会有所收敛，但在后续工作中，小赵丝毫没有改变。一段时间后，难以忍受的小李选择尽可能地避免与小赵沟通。几个月后，小赵被公司辞退，人事部给出的原因是小赵无法听取同事的意见，太过自我，不能很好地融入团队。小赵感到非常冤枉，他认为自己是为了公司着想，只是想让工作做得更完美一些，难道这也有错吗?

确实，小赵的初衷是好的，但他的表达方式让人很难接受，他总是从自己的角度表达看法，不能设身处地地从对方的立场思考，严重阻碍了他与其他同事的沟通。

美国知名主持人林克莱特采访一名小男孩的故事同样能说明同理心倾听的重要性。

主持人:“小朋友，你长大后想要做什么呀?”

小男孩:“我要当飞机驾驶员!”

主持人:“如果有一天，你开的飞机飞到太平洋上空时，所有的引擎都熄火了，你会怎么办?”

小男孩:“我会先告诉坐在飞机上的人系好安全带，然后我用我的降落伞跳出去。”

听到小男孩的回答后，现场观众已经笑得东倒西歪，主持人继续注视着这个小男孩，想看看他是不是个自作聪明的小家伙。没想到，小男孩两行热泪夺眶而出。显然，现场观众肆无忌惮的笑声已经伤害到了这个小男孩。这位主持人意识到自己应该做点什么，减小这次经历对这个小男孩的伤害。于是，便出现了下面的对话。

主持人："你为什么要这么做呢？"

小男孩："我要去拿燃料，然后再回来驾驶飞机，将乘客送到目的地。"

由于年龄、职业等方面的差异，每个人的观点、想法都会存在较大的差异。在上面这个案例中，现场观众可能根本不会想到小男孩会有这种天真的想法，但他们应该反思，是否不应该着急下结论，在他人尚未说完时就进行评判。这种情况在日常生活中经常出现，在一方陈述观点时，观点还没说完，另一方根据只言片语脑补出一些画面，然后打断对方，结果发现对方根本不是那个意思，凭空生出许多误解。

能够设身处地地为他人着想、给他人充分表达空间的人自然容易与他人实现高效沟通，容易获得他人的认可与信任，因为这种行事方式会减少很多误解与矛盾，产生更多的信任与和谐。

用心倾听，卓有成效的参会技巧

英国作家简·莫里斯（Jan Morris）曾表示："要做一个善于辞令的人，只有一种办法，就是学会听人家说话。"由于参加会议的大部分时间需要倾听他人的想法与观点，掌握会议倾听技巧可以让我们快速了解对方的真实意图，从而提高沟通效率与质量，确保会议达成预期目标。

◆ 如何倾听他人的观点

周四下午三点，某医院行政主任楚强在会议中公布了医院对医闹事件的调查结果与处理意见。楚强表示："首先，关于病历有人为涂改痕迹，以及患者去世后仍有治疗医嘱开著的问题，将由急诊科确认责任人后再行决定处分办法；其次，由全院科室主任联席会议决定对此次事件急诊科综合质量评分扣除 ×× 分；最后，院方从此次事件中吸取经验教训，决定推出所有临床工作人员不得在上班值班期间使用电脑、手机，刷微博、微信，玩网络游戏的规定，具体规则院方三日后会推出书面文件，该规定自院办公室会议通过之日起执行，纳入各科综合考量考核，大家都明白了吗？"

不难发现，该会议的目的是信息发布、传达指令，除了会议组织者兼主持人楚强外，其他与会人员都是信息接收方。然而与会人员对此次院方的调查结果与处理意见很有意见，参会过程中漫不经心，甚至对楚强产生了抵触情绪。这样的参会方式非常不明智，完全是在浪费时间与精力，可谓职场大忌。

那么，在参加会议过程中，我们应该如何做到有效倾听呢？有效倾听的四大要点如图 3-5 所示。

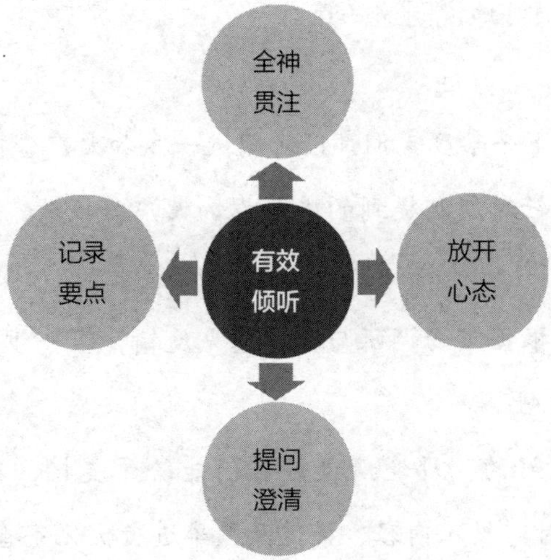

图 3-5　有效倾听的四大要点

（1）全神贯注。在职场中，我们需要参加各种各样的会议，面对枯燥乏味的会议，很多人会出现心不在焉的情况，表面上在听他人发言，心里可能在想“今天晚饭怎么吃？”“这个周末怎么安排？”等，以至于会议结束后还要找人帮忙介绍一下会议的重点内容，不仅浪费了双方的时间与精力，而且很容易漏掉关键信息。参加会议时，全神贯注地倾听他人发言是最基本的参会礼仪与要求，只有在参会过程中保持全神贯注，才能全面接收会议的有效信息。

（2）放开心态。上文提到的医院行政主任楚强主持的会议显然是一场失败的会议，由于与会人员不满意院方的处理结果，他们根本不愿听楚强的发言，更不用说去认真执行院方的新规定了。作为一名成熟的职场人，我们应该认识到人与人意见不一致的情况经常存在，强行要求别人与自己意见一致的想法非常不切实际。在有限的会议时间内，我们需要放开心态，站在他人的视角分析并思考问题，避免无谓的争论，这样才能高效快速地解决问题。

（3）提问澄清。在参会过程中，我们可能会听到一些较为模糊的信息或指示，对于这种情况，我们可以及时向发言人提问以明确对方的具体想法。下面这个案例可以很好地说明这一点。

销售部经理：“下一季度我们部门计划进一步加大广告投放……”

营销部经理：“针对您刚提到的进一步加大广告投放，我想了解一下您是否有新的目标客群？”

销售部经理：“根据市场调研与客户意见反馈，下一步我们计划重点发掘30～40岁的中年女性。”

营销部经理：“好的，那还请设计部门能给予支持，对用户界面进行更新，我们部门将及时对投入内容、渠道及频率进行优化完善。”

设计部经理：“好的，没问题，预计三日内即可完成。”

（4）记录要点。记录会议要点很有必要，因为大脑能够接收、记忆的信息量有限，而且会随时遗忘。当然，记录会议要点也有诀窍，可以总结为四个字——“快”“要”“省”“代”。“快”指速度快，如写字不要过度追求工整，潦草一些没关系，只要记录者自己能够辨认即可；“要”指有重点地记录，如记录结论，去掉案例；“省”指省略句子中的附加成分，如“虽然”只记录“虽”；“代”指用更方便写的字，如用外语缩写“sat”取代“周六”等。

◆ 杜绝倾听中的不良行为

参会时的一些不良行为会对倾听结果产生负面影响，因此，在参会过程中，与会者应该尽可能地避免以下四种不良倾听行为（见图 3-6）：

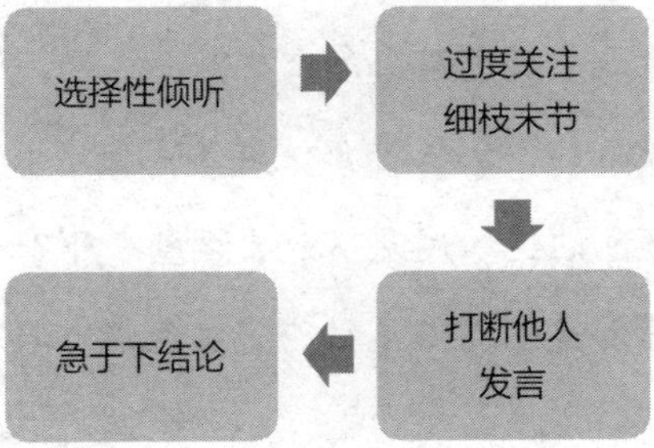

图 3-6　四种不良倾听行为

（1）选择性倾听。同一句话从不同的角度分析可以得出完全不同的结论。例如，一位受人尊敬的领导者对你提交的某个方案持反对态度，他表示：“这个方案可行性较低。”此时，你很可能会这样想——“领导这是为我好，我回去再考虑考虑，提交一个更成熟的方案。”但如果这句话是由一位与你关系较差的领导者提出，你的想法可能会是这样的——“他一定是在趁机打击报复我。”之所以出现这种差异，是因为人非常容易先入为主，按照自己的固有认知去评判一个事件。

（2）过度关注细枝末节。回想一下，上学时是否有过这样的经历，在听课过程中遇到一个不明白的知识点，于是自己思考、查找资料，等你解决疑惑或者实在无法解决而无奈放弃时，发现老师已经讲了多个知识点，你已经跟不上老师的进度了。这种情况在参加会议时也经常出现，这提醒我们，参加会议时不要过度关注细枝末节，遇到疑点或难点先记录下来，待听发言人发言完毕再思考或向其提问。

（3）打断他人发言。在会议过程中，打断他人发言会影响发言人的思路，导致话题发生转变，破坏会议秩序、降低会议效率等。

设计师A：这款新产品是针对35～50岁的男性群体推出的，这是我们此前没有服务过的群体，我们讨论一下应该怎样设计这款产品，主色调……

设计师B：你看看这个颜色搭配怎么样？

设计师A：嗯，挺好的，比较符合该群体审美。

设计师B：这个颜色的饱和度是不是要调整一下？

设计师A：额，你看我们要不先讨论完主色调，再研究颜色搭配吧。

对于设计师B打断自己发言的行为，设计师A显然是不高兴的，有些人在会议上发言没有准备发言稿，或者是被临时点名发言，被他人打断后可能会忘记自己的发言思路，在会议上出丑，导致发言人与打断者之间的关系恶化。

（4）急于下结论。

市场部小周：上周末我去××街实地调研过，人流量较大，非常适合举办此次活动。

营销部小王听到小周发言后，迅速记录下“××街举办”。

市场部经理：这项活动成本较高，活动地址选择需要慎重，小周你还是多去几个地方考察一下，做一份正式的市场调研报告，等你完成这项工作后，我们再来具体商讨怎么选址。

在上面这个案例中，营销部小王就出现了急于下结论的情况。小周发表的观点仅是其个人想法，是否可行还需要研究论证，小王简单地将 ×× 街作为活动选址非常不明智，如果不是市场部经理及时纠正小周的说法，可能会对活动策划与落地造成负面影响。因此，在参加会议时我们也应该避免这种情况，不能以偏概全，将个人意见作为最终结论。

积极回应，高效倾听的重要法则

在倾听过程中，给予发言人积极回应很有必要，这能让发言人意识到他的发言对与会者有价值，从而保持良好的发言状态，为与会者提供更有创造力的思想等。如何给予发言人积极回应呢？高效倾听的四种回应方式如图 3-7 所示。

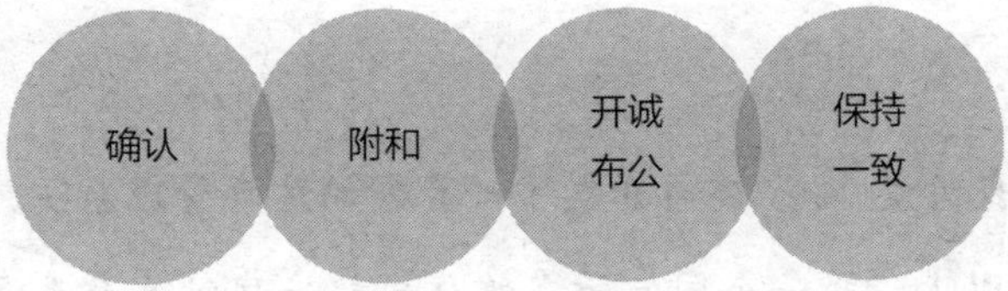

图 3-7　高效倾听的四种回应方式

◆ 确认

通过确认给予发言人回应，可以将发言人的发言简单地复述一遍，也可以用提问的方式确认个人理解与发言人想要表达的思想是否一致，还可以用提问的方式向发言人获取更多细节信息，真正了解发言人想要表达的观点。

出于对发言人的尊重，即便已经听懂了发言人的发言，也应不时地和发言人确认，以便使发言人了解我们是在认真倾听。在职场沟通中，确认具有以下优势：

（1）发言人为自己的发言能被他人认真倾听而感到高兴，从而打开心扉，畅所欲言。

（2）加深倾听者对发言人发言的认识。

（3）规避误解。

（4）平复发言人的情绪，如发言人讲到某处情绪激动时，倾听者给予回应后可以帮助他缓解情绪。

（5）减少试错成本。经过确认后，发言人与倾听者可以达成一致意见，将问题扼杀在摇篮中，避免此后浪费时间与精力去纠正错误。

下面结合实际案例，分享几个在倾听中通过确认给予积极回应的话术技巧。

案例1

发言人：目前，我们公司的业务流程有些滞后，如果对业务流程进行迭代优化，至少能将交付周期缩短20%。

确认者：你的想法是我们应该对公司的业务流程进行改造？

案例2

发言人：我听说××公司开发了一套新的库存管理系统，能使库存管理效率提升25%以上，我一个同学所在的公司就采用了这套系统，他们的库存管理效率提升了近30%。

确认者：太好了，我们不妨试试看，或许真的能提高我们的库存管理效率，有效降低库存管理成本。

案例3

发言人：我已经向小组组员解释了如何操作该机器，但当我收到他们提交的反馈表后，发现他们仍对很多操作一无所知。

确认者：在你让他们提交反馈表前，你确认他们真的学会如何操作机器了吗？

◆ 附和

在倾听过程中，当我们附和发言人时相当于告知发言人“我正处于与你沟通状态，没有神游天外”。职场沟通时，有时我们希望在充分了解对方的想法与观点后再发表我们的意见，在这种情况下，我们要鼓励发言人继续讲下去，而附和恰能发挥这种作用。

用简短的语言即可产生附和效果，如“我知道了”“我了解了”“请继续说下去”“嗯，好的”“没错，就是这样”“很有想法”“我正听着呢”。除了通过口头表达进行附和外，我们还可以用面部表情、肢体语言等向发言人表示附和。

（1）微笑、点头，表示我们同意对方的观点。

（2）保持目光接触，表示我们正在认真倾听。

（3）适当靠近对方，表示对对方说的内容很感兴趣。

（4）扬起眉毛，表示有疑惑，需要对方详细说明。

……

倾听者附和后，发言人将意识到自己的观点得到了认同，从而与倾听者形成良好的沟通氛围，为彼此信任奠定了良好的基础。某种程度上，附和相当于发言人扮演扩音器的角色，它给发言人提供了一个信号——请充分表达你的想法、观点、感受、意见等。当然，附和时要尽可能地避免以自我为中心，对发言人的发言进行主观评判、质疑等。

◆ 开诚布公

露西是某公司客户服务培训部门经理，她担任这一职位已有 7 年之久，下面是露西与下属玛丽之间的部分对话。

露西：玛丽，你现在有空吗，我们来聊一聊？

玛丽：好的。

露西：我们部门马上要与市场部合并了，我想与你分享一下我的想法与感受。

玛丽：好的，我也有一些想法想要与您交流。

露西：在我看来，两个部门的合并，无论是从两个部门，还是企业角度都是非常有利的。合并后，我们部门可以接触到一线战场，深入了解销售人员是如何利用我们教给他们的知识与技能将产品销售给客户的，以及客户对我们公司产品的哪些部分更感兴趣。这将有助于我们不断完善培训课程体系，为企业创造更多价值。我个人非常支持这项计划，会尽可能地尝试加快其落地实施。

玛丽：我非常同意您的观点，我也明白它给公司带来的竞争优势，但一定会有部分员工因此被辞退。

露西：嗯，这个问题让我们两个部门的人都感到非常忧心，我也非常担心自己可能会因此失业，我在这个岗位上做了很多年，真的不想它消失。

……

在上述案例中，露西正是运用了积极倾听中的开诚布公的技巧。她告诉玛丽自己是如何看待公司部门调整的，向玛丽分享了她的具体想法与感受。这种真诚的沟通方式也让玛丽敞开心扉，谈到了部门合并可能引发的员工失业问题。听到玛丽的回答后，露西也及时给予真诚回应，她表示自己就像所有涉及此次调整的员工一样，都对此次调整存在担忧。

在职场沟通中，当一方尤其是高位者主动卸下面具与伪装，开诚布公地谈论真实的想法时，对方也会很大概率地开始吐露心声，促使双方分享更多真实的信息，有力地推动团队、部门乃至企业的工作开展，并使双方建立友好、亲密的关系。当然，把握好开诚布公的度也很重要，滥用开诚布公，如不间断地与对方分享自己的各种琐碎小事，只会让对方反感。

◆ 保持一致

两年前，保罗从技术岗位转入管理岗位，上个月，他接到了公司的一个新任命，即取代一位犯下重大错误的经理人管理一家分公司。因为时间与精力有限，保罗发现倾听下属的心声是一件很奢侈的事情，有太多的工作等着他去完成，以至于他连基本的休息时间都有些紧张，在这个新岗位上他感到有些力不从心。

他管理的公司有很多刚毕业没多久的大学生，这些学生虽然有想法、有创意，但缺乏工作经验，能替他分担的工作压力有限。在担任新岗位的一个月里，他对下属的明显感受是，下属的想法很幼稚，经常问自己一些非常简单的问题。当然，为了避免打击下属的积极性，保罗必须克制自己的情绪，尽量微笑着回答问题，耐心地为下属提供指导与帮助。

上周，公司高管鲍勃组织了一场会议，要求保罗分公司的五位员工对保罗的工作进行诚恳的评价。由于是评价自己的领导，起初，这些员工有些放不开，说了很多没有价值的客套话。鲍勃对处理这种情况非常有经验，他稍微加以引导，这些员工便开始吐露心声。

通过这些员工的反馈，鲍勃了解到：在员工看来，保罗丰富的专业知识、技能及工作经验令这些下属感到非常钦佩，甚至有很多员工将保罗视为学习的榜样，但保罗的问题也很明显，他不善于倾听，更喜欢投身于自己的工作。

为什么员工会这样评价保罗呢？因为保罗与他们沟通时虽然说话亲切，

但他的面部表情、肢体动作等传递出的信息出卖了他，如保罗的眼睛经常盯着别处看，一边听下属讲话，一边做自己的工作，经常叹气、皱眉头，等等。

保罗出现的问题正是因为他不会运用“保持一致”这一技巧，保罗用口语表达的信息与他的面部表情、肢体动作等传递出的信息不一致，而与前者相比，人们普遍更相信后者，毕竟职场中口是心非的情况经常出现。因此，当我们作为倾听者给出发言人回应时，必须注意传递信息的一致性，不但口语表达要到位，面部表情与肢体动作也要到位。

打破强迫性思维，用身体去聆听

意识到职场倾听的重要性后，人人都想做一个优秀的倾听者，然而在实践中，我们往往发现这着实是一件困难的事情。因为多年的生活与工作经历让我们养成了用大脑倾听的习惯，我们总是将自己束缚在思维的牢笼中，不能用身体去倾听发言人话语背后的深层含义，去感受发言人的世界。

很多人可能会有疑惑，怎么用身体去倾听？人脑是主导人体活动的器官，控制着人的思想与行为，不调动大脑怎么倾听别人？事实上，人在表达自己的观点时借助口语（语言、声音、语调等）表达的信息只有 40%，而面部表情、肢体动作等非口语传递的信息占据了 60%。

与人沟通时涉及思维、情绪及身体三个层面，但在实践中，我们很容易被思维限制，认为这是唯一一种有效的沟通方式。当我们学会用身体与人沟通时，我们能够从沟通中获得的信息将大幅增加。有时，思维会欺骗我们，很多情况下，我们会陷入意识与潜意识的矛盾中，例如思维告诉我们不要这样做，而身体却无意识地做出了这些动作，两者相互矛盾。如果我们仅用大脑倾听，可能因为这种矛盾而无法集中注意力，从而错失发言人的一些关键信息。

但身体不会，用身体去倾听发言人的发言时，我们将得到更多真实的信息。当我们只用思维去倾听时，获得的信息仅限于思维层面，没有身体与情绪层面的信息。在这种情况下，我们无法调动自己的身体与情绪，更不会产生明显的感受，导致我们无法在面部表情与肢体动作上做出有效回应，从而影响了沟通效率与质量。

在用身体倾听时，因为人体本身的差异，不同人使用的主器官可能有所不同。如有的人的皮肤较为敏感，当听到他人分享一些正能量、温暖人心的故事时，他的皮肤会感受到一股暖风，而听到他人分享一些悲伤的故事时，他的皮肤则会感受到一股阴风；有的人心脏比较敏感，当发言人讲述的内容出现感情变化，他的心脏跳动频率会出现变化，当讲述的内容比较轻松快乐时，他的心脏跳动频率会变慢，整个人处于一种非常舒缓的状态，当讲述的内容比较沉重时，他的心脏跳动频率会加快，整个人处于一种非常紧张的状态。

生活经验告诉我们，一个内心充满喜悦 / 悲伤的人无须说话就能影响周围很多人，给大家带来快乐 / 悲伤。

心理医生工作时，当他想要了解一名患者的情况时，不会要求患者做过多的口语表达，因为出于保护个人隐私等方面的考虑，患者可能会提供一些虚假信息，误导医生的判断。优秀的心理医生不会轻易地对患者进行分析，而是会用自己的身体去倾听患者的状态。当患者坐在他身边时，他会有很清晰的感受，有时感觉悲伤、有时感觉压抑、有时感觉烦躁……察觉到这些感受后，他就会带着这些感受与患者交流，用语言、动作等将自己的感受描述给患者。很多患者听到这些描述后往往会大吃一惊，因为描述的内容与他们的心理状态非常相似。

在倾听时，虽然我们不能像心理医生一样有如此敏锐的身体器官，但只要我们认真用身体去感受，同样能与发言人实现良性互动。下面我们分别从眼睛与体态语言两个角度来阐述如何在职场沟通中用身体倾听。

◆ 眼睛

“眼睛是心灵的窗户”，当我们用身体倾听时，目光的运用非常关键。目光接触是人与人沟通时最简单、直接的方式之一，通过目光接触，我们可以感受到彼此是否真诚，了解彼此的情绪状态，如高兴、抵触、烦躁等。具体来说就是，在倾听时，我们可以通过调整目光方向、眼球转动、眨眼频率等来促进与发言人之间的沟通交流。

- 正视表示对对方的尊重，斜视表示对对方的轻视。
- 空洞无神的目光表示我们对对方的讲话不感兴趣。
- 炯炯有神的目光表示对方的讲话使我们振奋。
- 游离的目光表示我们心不在焉。
- 柔和、热诚的目光表示我们的鼓励、赞许、热情。
- 频繁眨眼表示我们可能厌倦了沟通。

需要指出的是，在职场沟通乃至人际沟通过程中，适度的目光接触可以有效提高沟通效率与质量。一般情况下，自信的人更愿意与他人主动进行目光接触，但过度进行目光接触又会给对方造成较大的心理压力。因此，在倾听时，我们需要注意把控好目光接触的度。

◆ 体态语言

体态语言主要是指身体的动作、手势等。沟通时，不同的身体动作、手势代表的体态语言有所不同。

- 身体略微前倾，表示对对方的讲话感兴趣。
- 微微欠身，表示谦恭有礼。
- 身体后仰，表示轻视与傲慢。
- 身体侧转背向对方，表示反感与厌恶。
- 摆手表示否定或制止。
- 双手外推表示拒绝。
- 双手向外摊开表示无可奈何。
- 双臂外展表示阻拦。
- 挠头表示困惑。
- 搓手或扯衣领表示紧张。
- 拍脑袋表示自责或恍然大悟。
- 竖大拇指表示称赞，竖小指表示轻蔑。

在倾听时，我们不仅要全神贯注地听对方讲话，更要控制自己的目光与体态语言，它在无形中决定了我们是一个更好，还是更差的倾听者。在发言者发言时，倾听者用目光接触发言人，将身体转向发言人，将身体向发言人的方向微微前倾，同时保持微笑，频频点头、做出思考的样子，发言人会感受到我们重视他，想要理解他，愿意与他真诚沟通。这些细微动作将极大地提高发言人与倾听者沟通的积极性，促使双方建立信任，更快地实现沟通目标。

第4章 反馈力
积极主动，跳出沉默陷阱

你的沉默会让领导很不安

反馈本是物理学领域的一个概念，指的是“将放大器输出电路中的部分能量送回输入电路，以增强或减弱输入信号的效应”。后来，这一概念被物理学家借用，用来说明“学习者了解学习结果之后可以促使自身更努力地学习”。

在职场中，反馈指的是定期向领导汇报工作进展，让领导放心，增强领导对自己的信任，同时提高自己工作的积极性。在现实的工作场景中，很多人都会忽略反馈，认为“我只要将领导交办的事情做好，向领导汇报最终成果就可以”。其实，对于一些历时比较长的项目或者非常重要的项目，领导不仅想知道结果，还想实时了解项目进展。

下面我们来看一个案例：

冯笑因工作能力出众被提拔为市场部主管，上任之后，他心怀感恩，一心想努力工作，为公司开发更多客户资源，签下更多订单。

果然，在冯笑的努力下，这个只有三个人的小部门为公司争取到了不少业务，部门业绩有了明显提升。但在这段时间里，冯笑只埋头苦干，很少与上级领导沟通。一天，上级领导将冯笑叫到办公室，询问他部门近期的工作情况，冯笑就目前的工作及未来的工作方向向领导做了具体汇报，说道："因为现在市场上大客户竞争非常激烈，所以，我们的计划是从小客户入手，慢慢向大客户渗透，这应该是一个不错的办法。"

这一想法非但没有得到领导认可，反而遭到了领导的质疑，"你知道公司的销售目标吗？"冯笑不解地回答道："我知道，一年后公司产品的市场占有率要达到 20%。"领导听后非常严肃地说道："那还是把精力放在大客户开发上吧！"冯笑忍不住说道："但部门只有我们三个人，这半年已经将能谈的大客户谈完了，如果要继续开发新的大客户资源，我们需要更多人。仅凭我们三个人，很难完成这项工作。"

听到这番话，领导感到非常生气，责备道："既然人员不足，那你为什么不早告诉我呢？这半年来，我看你们部门业绩有了明显提升，还以为有足够的能力开发更多客户。既然人员不足，为什么不早点来要人？你知不知道，就是因为你的沉默，不仅加重了同事的工作负担，还造成了现在的局面。"

诸如此类的情况在职场中并不少见，因为没有及时和领导沟通，无法全面了解领导意图，一味地埋头苦干导致工作发生偏差，不仅劳而无功，还会受到领导的责备。导致这些情况发生的原因就是忽略了反馈，没能定期向领导反馈工作进展。那么，在实际工作场景中，我们应如何做好反馈呢？工作反馈的五大原则如图 4–1 所示。

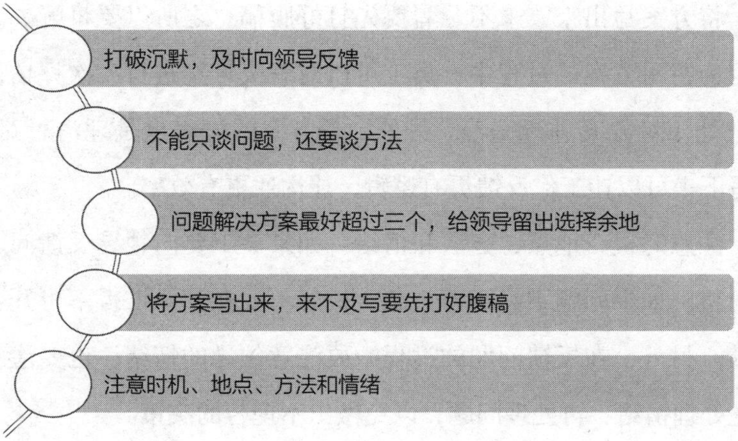

图 4–1　工作反馈的五大原则

（1）打破沉默，及时向领导反馈。向领导反馈工作应具备较强的时效性，只有及时反馈才能获得最好的结果。所以，在项目开展过程中，每完成了一项棘手工作或者解决了一个难题之后，都要及时向领导反馈，让领导实时了解工作进展。

（2）不能只谈问题，还要谈方法。职位越高，责任越重，需要处理的事务也就越多。如果在向领导反馈工作时突然提出一个问题，领导很难在瞬间切换思维，想到解决方案。所以，在向领导反馈问题之前要先拟定几个解决方案，反馈完问题后提出自己的想法，让领导帮忙分析、决策。在这个过程中，员工可以慢慢培养自己分析问题、解决问题的能力，逐渐养成良好的工作习惯，为未来的职业发展奠定良好的基础。

（3）问题解决方案最好超过三个，给领导留出选择余地。员工要为领导提供三个及以上的解决方案，原因有两点：第一，思考多个解决方案可以最大限度地挖掘自己解决问题的能力，培养自己全面看待问题、解决问题的能力；第二，多个解决方案可以让领导有选择空间，不会让领导产生“被命令”的感觉。

（4）将方案写出来，来不及写要先打好腹稿。之所以要将解决方案写出来，是因为在写方案的过程中，员工可以对解决方案进行二次评估，发现一些不足之处，对方案进行完善。另外，写方案的过程也是理清思路的过程，将方案写下来可以让工作反馈更有逻辑，让沟通更有效率。

（5）注意时机、地点、方法和情绪。如果员工要向领导反馈问题要注意适合的时机。如果问题不是十万火急，最好不要在领导忙得不可开交的时候进行反馈。另外，在反馈问题的过程中要注意领导的情绪，也要注意自己的情绪，先处理情绪，再处理问题，以免做出不理智的决策。

积极反馈，消除异步聊天的疏离感

随着信息通信技术不断发展，在工作过程中，借助 QQ、微信等工具进行远程沟通已成为常态。虽然这极大地方便了异地沟通，但随着异步聊天成为习惯，各种网络词语及表情越来越多，人们之间的疏离感也越来越强。如何通过积极反馈消除异步聊天的疏离感成为职场人亟须解决的问题，积极反馈的三种方式如图 4–2 所示。

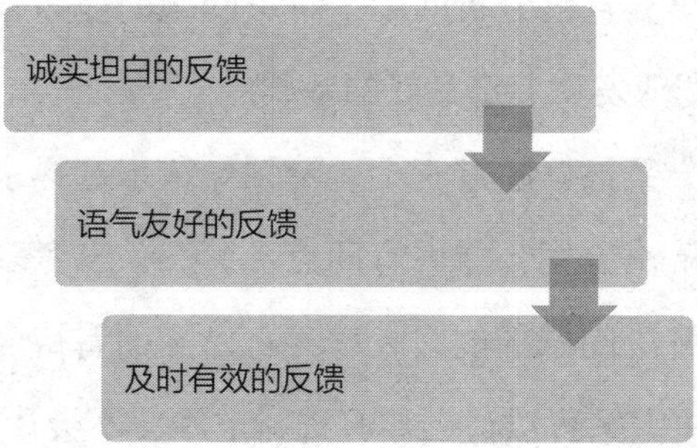

图 4–2　积极反馈的三种方式

◆ 诚实坦白的反馈

在异步聊天的过程中，回答问题的态度必须诚恳，必须带有真情实感，真诚地说出自己当下的感受，同时要怀有谦逊之心，语气平和。沟通者要明白一点，有些时候，正确与错误没有太大意义。

例如，张经理在远程会议上迟到，事后，会议负责人王经理跟张经理说："你在我的会议上迟到，让我觉得自己很不受尊重。"

这里，王经理提出了一个明确的场合——会议上，让张经理明白这一指责并非空穴来风，而是有真凭实据。王经理用一个真实的情况来讲述这个情况对他的影响，表明他的感受，同时向张经理暗示他不会妄自猜测其迟到背后的真实意图，而是等一个明确的解释。

这种反馈被称为"情境–行为–影响"反馈，是诚实反馈的典型。虽然在异地沟通中，这种反馈方式非常有效，但不是所有人都能熟练掌握。无论如何都要尽量尝试，做到永远诚实。

◆ 语气友好的反馈

如果你坚持诚实反馈，见到不理想的方案可能会这么说："这是我见过最差的方案，从头到尾没有说想做什么、要花多少钱、为什么要做，方案中最关键的三个要素被你遗漏了。"如果你是被反馈者，你能坦然地接受这种反馈吗？是不是会有些不适，认为自己受到了羞辱，为了避免被反馈者出现这种不良情绪，和谐彼此之间的关系，反馈者可以将诚实反馈转变为友好反馈。

反馈者给出友好反馈时，不仅会关注反馈的有效性，而且会关注给出反馈的时机与表达方式。这个过程可以看作对反馈的二次检查，也是一次非常重要的检查。对于那些因为诚实反馈太过直率遭人误解的管理者来说，这一点非常重要。

当然，友好反馈并不意味着回避问题，或者用"糖衣"对反馈内容进行包装。友好意味着改变谈话方式，即便面对非常严重的问题也要尝试寻找一种能够维护他人自尊心的方式。对于管理者来说，在向下反馈问题时，完全没有必要用严词厉语将人说得泪如雨下。

目前，很多管理者都在努力学习如何进行友好反馈，因为相对于诚实反馈来说，友好反馈具有以下两大优势：

第一，友好反馈更受人喜欢，更容易被人接受。友好反馈可以鼓励他人更努力地工作，而不是打消他人工作的积极性。

第二，友好反馈的效率更高。友好反馈的言辞不会特别犀利，很容易被对方理解、接受，让对方根据反馈内容及时做出反应。

在进行友好反馈之前，反馈者必须组织好语言，考虑好该说什么，用什么方式说，以保证反馈效果。至少不要让对方因为这次反馈对你心生芥蒂，因为气愤忘记反馈本身的意义。尤其是在异步沟通过程中，友好反馈比诚实反馈更有效。

◆ 及时有效的反馈

对于不在一个空间的两人来说，及时有效的反馈非常重要，否则很有可能因为延误错失良机，造成更严重的后果。

对于反馈双方来说，讨论当下的问题比陈年旧事更容易。因为人的记忆会随着时间流逝慢慢消失，如果反馈不及时很有可能遗漏一些重要信息。对于提出反馈的一方来说，时间越久，不满情绪就越严重。

另外，反馈不及时往往会导致刻板印象。在上述事例中，王经理询问张经理为什么在远程会议上迟到。如果张经理不及时做出反馈，就会给王经理留下他总在自己会议上迟到的不良印象，这种印象会导致“情境－行为－影响”反馈模式失效，很容易引起争执与矛盾。

但及时反馈不代表边看边给出批评，更不表示要与人发生争吵。及时反馈指的是在记忆比较新鲜、完整的情况下与对方沟通，让对方感觉自己受到尊重。如果你的反馈中包含一份长期建设性反馈，最好多给出几条积极反馈，否则你们之间的关系会变得很难维持。

诚恳沟通，让领导接受提议

向领导提意见是一种非常有效的工作方法，有三大优点：第一，可以获得领导帮助，少走弯路；第二，群策群力，提高工作方案的可行性；第三，多与领导接触，在领导心目中树立勤奋努力的良好形象。但向领导提意见有利有弊，就像走钢丝，如果成功会赢得喝彩，如果失败会一落千丈。所以，向领导提意见必须做到以下两点。

◆ 准备充分，不打无准备之仗

在向领导提意见之前必须做好充分准备，因为“凡事预则立，不预则废”。具体来看，向领导提意见之前要做好以下几项准备（见图 4–3）：

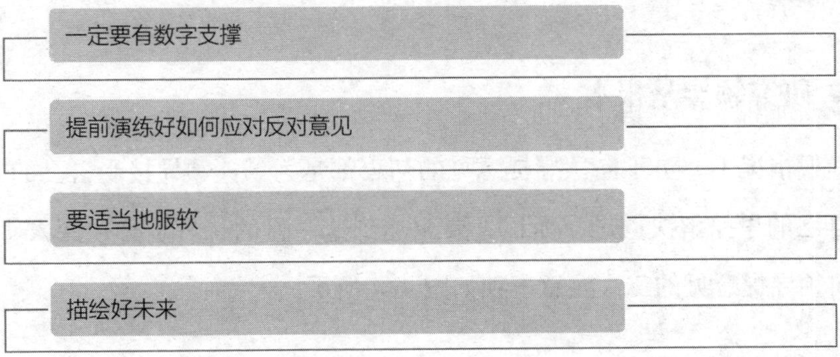

图 4–3　提意见之前的准备

（1）一定要有数字支撑。数字是最有说服力的工具。例如，一个项目，领导最关心的是需要多少人、多少钱、多长时间、能达到怎样的效果。如果方案中没有这些内容，一味地表达自己的想法与意见，很难说服领导，获得领导的认可。

（2）提前演练好如何应对反对意见。一线工作的开展必然会遇到很多阻力，有些是客观存在的事实阻滞，有些是人为反对。所以，在向领导提意见之前，要提前设想所有可能被反驳的情况，然后思考对策，这一点非常重要。

（3）要适当地服软。在向领导提意见的过程中要注意两个问题：第一，不要和领导抬杠，尤其是在多人讨论的场景中，如果你当着很多人的面和领导抬杠，领导会认为自己的权威受到了挑战，很有可能当众驳斥你的意见，造成沟通失败。第二，学会接受一些无关紧要的意见。在集体讨论场景中，如果你提出意见之后大家都要表态，那些提出无关紧要意见的人就是同盟，你要学会接受，这也是一种策略。

（4）描绘好未来。如何让领导快速接受自己的意见，最简单的方法就是让领导觉得这个方案有利可图，有利可做。对于公司有利的事情，领导一般都会同意，甚至会主动为你提供资源、扫清障碍。所以，在向领导提意见时，描绘一个美好的未来也是一项技巧。

◆ 研究领导是根本

一般情况下，员工向领导提意见的初衷都是为了让领导接受自己的方案，按照自己的思路解决问题。所以，要想达到这一目的，员工必须深入研究领导，向领导提意见的三大注意事项如图 4–4 所示。

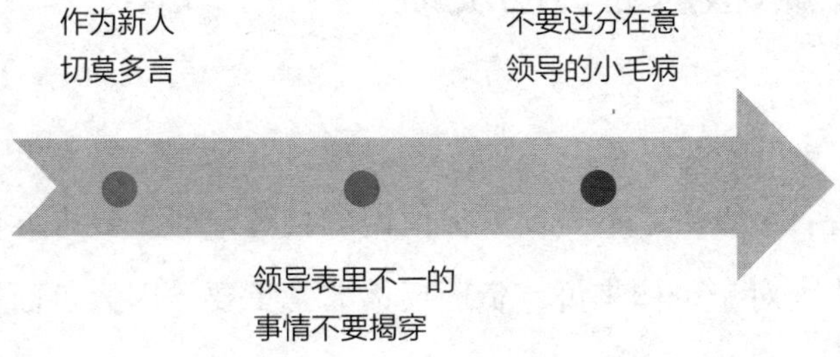

图 4-4 向领导提意见的三大注意事项

（1）作为新人切莫多言。一些新人想尽快展现自己的才能，让领导看到自己的闪光点，在新人群体中脱颖而出，所以遇到问题就想发表自己的见解，从而将自己置于不利处境。第一，随意发言会招致上级领导的不满，因为会议时间有限，80% 的时间都要留给主要领导发言。作为一名新人占用太多会议时间会引起其他与会人员的不满。尤其是在你没有提出任何有价值的意见与想法的情况下，你的直属领导会感到颜面尽失，从而对你心生不满。第二，如果你提的意见没有任何含金量，很多人都已经想到，那么你提的这个意见就是故作聪明、藐视他人，同样容易引起他人的反感。

（2）领导表里不一的事情不要揭穿。在实际工作场景中，领导总会有一些因为各种理由没有兑现的承诺，如涨工资、延长假期等。如果你用这些事情向领导提意见，很容易将领导置于尴尬境地。

（3）不要过分在意领导的小毛病。“金无足赤，人无完人”，没有人是完美的，领导也一样。在职场中，对于领导的一些小毛病，最好的方法就是视而不见，尤其不要因为这些小问题向领导提意见。如领导写字不好看、穿着不讲究等，这些问题对公司正常事务的开展毫无影响，又何必拿出来与人言说呢？

剥离噪声，积极应对负面反馈

乔布斯说：A 级人才不需要呵护他们的自尊，而是要告诉他们哪里做得不够好。其实，对于个体来说，负面反馈非常重要，因为负面反馈可以促进个人不断成长。但很多人面对负面反馈总是选择逃避，甚至对给出负面反馈的人恶意相对。那么，在工作环境中，作为一名成熟的职场人，我们应该怎样应对负面反馈呢？应对负面反馈的六种方式如图 4-5 所示。

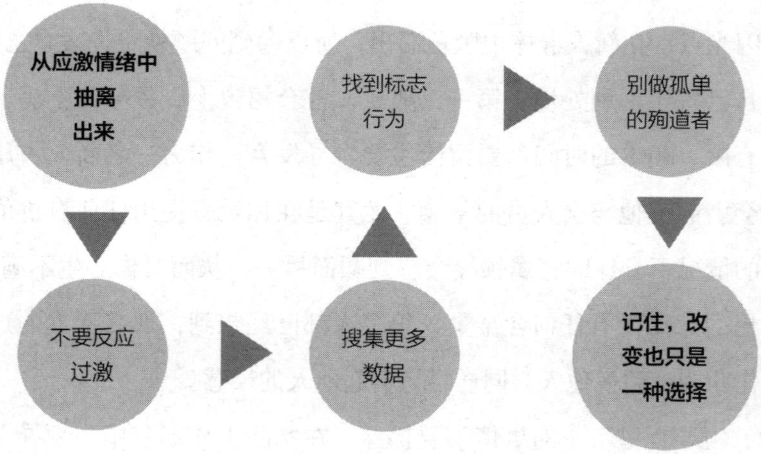

图 4-5　应对负面反馈的六种方式

◆ 从应激情绪中抽离出来

面对负面反馈，我们要坦率地承认自己的“不完美”，剥离噪声，将自己从应激情绪中抽离出来。

研究证明，负面反馈是提升业绩与领导力效率的重要因素。对于职场人来说，负面反馈非常宝贵，因为可以通过负面反馈审视自己的言行，提醒自己需要做出改变。事实也确实如此，如果一位领导者主动寻求负面反馈，会被上下级视为更有执行力的人。反之，那些偏好正面反馈的领导者则会被认为不是那么高效。

但消化负面反馈不是那么容易的事情。因为大多数人面对负面反馈会产生防御心理，变得愤怒、警惕，这些会对执行力造成一定的阻碍。更重要的是，很少有人可以坦然地接受所有负面反馈，即便反馈内容是客观存在的，反馈动机也非常纯粹。但负面反馈的动机不总是那么纯粹，也会有不实或邪恶的动机存在。例如，A 想让 B 出局，所以向上级领导反馈一些关于 B 的不实问题、有些员工面对领导的绝对权威不敢说实话等。所以，面对负面反馈，分辨真假也非常重要。

◆ 不要反应过激

面对负面反馈，人们往往会产生很多情绪，如大哭、愤怒、指责对方撒谎等。其实，这些反应都是可以理解的。著名心理学家威廉 · 斯旺（William B.Swann）说过："当人们收到与自我意识相矛盾的反馈时，会遭受严重的认知失调与理性空缺，会做出与生存受到威胁时一样的心理反应。"

国外某机构曾做过一项调查，发现很多受访者会频繁地寻求一些对他们有帮助，能推动他们进步的批判性反馈。当然，这并不代表他们享受这个过程，他们只不过是严于律己，想要发现自己的缺点，向着更好的方向努力而已。同时，调查发现，在收到负面反馈后，大多数人忙着将这些不良情绪赶走，而这些严于律己的人会给自己留出几天时间冷静下来，认真思考，然后才会做出应对决策。

也就是说，大多数人都会积极改变自己处理负面反馈的方式，努力从令人沮丧的信息中寻找有利于自己成长、进步的数据。在心理学领域，这一行为叫作认知重新评估。一个非常简单的评估工具就是给感觉贴标签。例如，在对负面反馈进行审视后，会感到"迷茫""恐惧"，这些就是感觉标签。

另一个方法就是自我证实，提醒自己“我并没有负面反馈中说的那么糟糕，我还有一些非常重要的优点与品质”，通过这些可以减轻心理负担，科学、理智地看待负面反馈。例如，如果你发现你的团队将你视为领袖，你就应该知道自己是一个有领导力、受人尊重、受人信任的人。当我们放宽眼界、放大格局时就能从更恰当的角度看待负面反馈，做出更科学、更合理的反应。

◆ 搜集更多数据

当发现自我认知与他人对自己的认知出现偏差时，人们就会感到茫然。就像下面这个案例中的金小姐一样。

金小姐是一位非常勤勉的经理人，对待工作非常认真，对待下属也很和善，她认为自己应该是一位比较受欢迎、没什么缺点的领导，但一次全方位反馈将她的这一认知彻底推翻，因为她的同事认为她骄傲自大而且充满攻击性，她不知道自己究竟做了什么，为什么会给同事留下这种印象？金小姐为此陷入深深的自我怀疑。

金小姐这个事件告诉我们，虽然全方位反馈可以带来一些益处，但也会产生一些问题。为此，面对负面反馈，我们必须对其做出全方位了解，然后才能给予回应。尤其是在听到一些新意见的时候，最好向值得信赖的人求证，向他们询问自己是否真的存在这样的问题。因为罗马哲学家马可·奥勒说：“我们听到的都是观点而非事实。”那么，收到负面反馈之后，我们应该去问谁呢？调查显示，大多数人会尽量缩小自己的反馈圈，收到负面反馈之后只向为数不多的几个可信任的人求证，因为他知道这些人会说实话、讲实情。所谓的“爱的批评者”往往是那些人们信任且会给出诚实反馈的人，但这些人很难成为求证的首选。

在上述案例中，金小姐收到负面反馈之后，她挑选了三名“爱的批评者”，只有一位与她最不熟悉的人给出了最宝贵的意见。在这位“爱的批评者”的鼓励下，金小姐很快发现了自己行为的不妥之处，及时调整，在短短几个月内跃升为公司最有价值的员工。如果金小姐收到负面反馈后置之不理，或者沉溺于负面反馈带来的打击，其职场生涯怎么能发生如此巨大的转变呢?

◆ 找到标志行为

在收到负面反馈之后，我们努力改变自己的言行，却没有被周围的人注意到。对于这一现象，领导力教练马歇尔·戈德史密斯（Marshall Goldsmith）发现:“要改变他人对我们言行的知觉比改变言行本身更难。”

保尔是一名大型区域性制药公司放射科的主管，他的下属向他反馈说:“你一点都不关心我们的日常工作，放射科大门的门闩坏了，我们每次推着病人的轮椅经过时都不得不用身体撞开门，然后将轮椅迅速推过去。这件事情我们向您报告多次，依然没有解决。这虽然是件小事，但事情处理结果让我们感到非常不舒服。”

在收到员工这样的反馈之后，保尔非常苦恼。在朋友的建议下，保尔列了一个包含很多绝妙策略的计划，并选择了一项标志性行为开始执行。第二天，保尔在公司最忙碌的时间点走进部门，亲自换下坏掉的门闩，并且主动询问下属工作是否顺利，是否需要帮忙。保尔的下属注意到了这一改变，慢慢改变了对他的看法。

改变他人对自己的看法很困难，所以在改变自己的行为之前要找到一个标志性的行为，从这个行为开始改变，更容易引起他人的注意。

◆ 别做孤单的殉道者

根据他人的负面反馈改变自己的行为就像在孤独中试炼，需要经过一段不适期。很多时候，在获得负面反馈之后，很多人都会选择躲避给出负面反馈的那个人。实际上，对于职场人来说，将自己与对自己坦诚相待的人隔离开并非明智之举，不仅不利于个人成长，还有可能表现得越来越差。

更明智的做法应该是珍惜与那些敢于对自己说实话的人的关系。有研究者对 1100 多名领导者的言行变化进行持续追踪，发现那些经常与同事交流的领导者获得了很大进步，拒绝与同事交流的领导者则几乎没有什么变化。

由此可见，对于领导者来说，负面反馈可以成为调整与员工关系的有效工具。如果处理方式恰当，批评者可以成为领导者最好的工作伙伴。

王秋是某公司策划部的一名员工，为人内向，不善言辞。一天，市场部的一名员工向领导反馈："王秋从来不主动沟通，感觉为人比较傲慢，看不起我们。"市场部经理将这一情况告诉了策划部经理，策划部经理对王秋提出了批评。

受到批评后，王秋决定先尝试做一些改变。她先向市场部同事表示感谢，并诚恳地向他们道歉，保证自己会慢慢改变，承诺每个月会定期与他们会面，面对面沟通交流，听取他们的建议。几个月后，王秋收到了一封来自市场部同事的邮件，言辞之间充满了赞美。在王秋改变自己的过程中，市场部同事给予了极大的鼓励，事情变得越来越好。

◆ 记住，改变也只是一种选择

对于一些努力、坚持、执着追求梦想的人来说，当一种行为阻碍其成功时，他们就会做出改变。但对于自身的某种缺点，最好的管理方法并不总是彻底清除。有些时候，负面反馈显示的缺陷往往是一些难以改变的缺点。面对这种情况，我们该怎么办？

李威是一名成功的企业家，他将自己定位为一名高效领导和强大的沟通者。但在一次全面评价中，他发现自己在团队成员心目中的形象与他给自己的定位并不一致，不仅总评分低于自主评分，甚至沟通能力一栏出现了最低分。

李威对这一结果反复思考，最终得出结论：别人可能永远无法理解真正的自己，无论自己多么努力。但李威并没有放弃，而是召开了一次集体会议，坦诚自己不是受人欢迎的领导，存在一些缺点，但这并不表示他不在意他人的评价。最后，李威向同事寻求理解与帮助，并表示自己会尽量改正。

李威的这一行为激发了员工的同理心，在接下来的工作中，同事不仅对他的工作给予了更大的支持，还会拿他的沟通错误开一些无伤大雅的玩笑。通过员工们的这一行为李威发现同事们开始站在他这边了，即便他不是一个完美的领导。

由此可见，有时候，坦率地承认自己的错误就是应对负面反馈的最佳方法。面对一些无法改变的缺陷，不妨将精力投放到可以改变的事情上。

精准辨析，灵活处理无效反馈

在与领导沟通的过程中难免会收到一些无效反馈，如“嗯”“好的”等。小刘就遇到了这样一种情况。

元旦将至，领导将采购过节礼品的任务分派给了小刘。小刘在考察了市场行情之后，编辑了这样一条短信发送给了领导：“领导，我发现今年大红肠礼盒卖得比较火，很多同事都喜欢，不如采购一些这个礼盒吧？”

过了很久，领导回复道：“嗯，好的。”

得到领导回复之后，小刘兴冲冲地将手机塞回包里，向商家订了十几盒大红肠礼盒。回到公司，领导突然问道：“小刘，过节礼盒准备得怎么样了？”小刘将情况一五一十地告知领导，没想到领导反问道：“谁让你订大红肠礼盒了？”小刘一头雾水地说道：“我看您说好的，我以为您同意了。”

很多时候，领导回复“好的”其实并不是同意，只是因为当下太忙给出的一句敷衍式的回复。所以，在与领导沟通的过程中精准辨析无效反馈非常重要。如果领导短信回复“好的”，你应该怎么做呢？

◆ 正确理解领导说的“好的”

为了对领导回复的“好的”做出正确理解，我们可以对短信消息做一个系统分类，如图 4–6 所示。

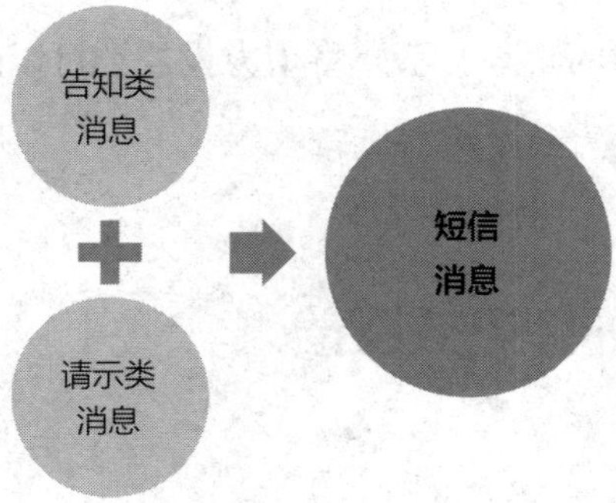

图 4–6　短信消息的两种类型

（1）告知类消息。在与领导沟通时，如果只是汇报工作进展或告知领导某一工作事项，领导回复“好的”，说明他已经看到，沟通可以结束。在这种情况下，如果你没有补充信息可以不回复，以提升沟通效率与工作效率。

（2）请示类消息。如果向领导发送的是请示类消息，只有得到领导回复才能开展下一步的工作，领导回复“好的”，可能只是表示他已经看到了信息，但是现在不方便详细回复。遇到这种情况，员工要给自己设定一个缓冲时间，如果事情比较紧急，领导5分钟之内还没回复，可以再次发送信息或者直接去办公室找领导当面问询。

◆ 对连续性工作要结语补充

对于简单的报告类消息，在得到领导回复之后可以放心地关闭对话框。但对于无法一次性解决的问题，在得到领导回复“好的”之后，要补充说明一句：“如果有需要修改的地方我可以立即修改。”这样一句补充说明虽然简单，但可以让领导意识到你是一名有责任心、善始善终且极具主动性的员工。

如果是在周末或者接下来有其他事情亟须处理，可以补充说明道：“领导，我接下来要参加一个2小时的工作会议，如果方案有问题请指示，会议结束后我会尽快给您回复，并对方案进行修改。”

聪明的员工会想领导之所想，将所有事情都考虑周全，不会让领导有后顾之忧。

◆ 重要事情要追踪提醒

领导每天要处理的事情有很多，即便回复“好的”，也有可能忘记给出下一步指示。

小秋是公司自媒体运营部门的一名员工。一天下午，小秋将写好的文章发给领导，亟须获得领导反馈，以便在下午6点前将文章发出去，但一直等到5点也没有得到领导反馈，作为一名新人，小秋又不敢催促领导，最后只能硬着头皮去请示领导，结果领导说："工作太多了，你怎么不再提醒我一次呢？"

小秋的经历告诉我们，面对重要事件，如果领导回复"好的"之后再无音讯，我们一定要及时提醒、及时追踪。例如，小秋等到5点还没有收到领导回复，可以再发送一条消息进行提醒："领导，我刚发您的那篇文章有无问题，是否需要修改，因为6点需要发布，所以麻烦您看一下，如果有问题我会尽快修改。"

其实，有时候，给领导一个时间节点可以有效提升工作效率。如果领导因为事情太多没有及时回复，你的再次提醒不仅不会引起领导反感，反而会给领导留下有时间观念、工作态度积极的好印象。

对于这些小细节的沟通，虽然没有万能的模板可以借用，但只要善于把握细节，坚持对自己工作负责的原则，一定可以想出万全之策。

第5章 说服力
攻心为上，霸气掌控全场

跳出“知识诅咒”，开展降维沟通

人都是社会性动物，需要通过沟通维持人际关系，生活中如此，职场上更是如此。但很多时候，因为沟通双方对某件事的背景、信息了解不对等，导致无法平等沟通，这种情况就称为知识诅咒。在工作场景中，跳出知识诅咒，进行有效沟通，对于提高工作效率、消除彼此之间的矛盾与误解来说具有非常重要的意义。

◆ 避免“知识诅咒”

沟通过程中遇到知识诅咒就代表一方无法想象自己所了解的事情在对方心目中的样子。所以，在与对方沟通之前必须先对沟通方式进行考量，思考自己的沟通方式有无问题，是否和对方站在同一高度进行思考。如果发现彼此的知识水平、信息掌握情况不对等，为保证沟通效果，可以开展“降维沟通”。

一般来讲，降维沟通至少要具备以下五大特点：通俗易懂、情绪感染、具体描述、同理包容、比拟举例，如图 5-1 所示。

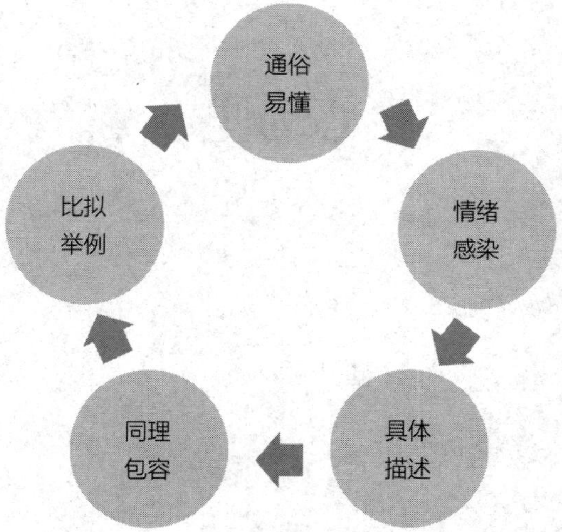

图 5-1　降维沟通的五大特点

- 通俗易懂指的是使用简单、易理解的语言，用直白简练的方式将要讲述的内容表达出来，严禁使用生僻字、词，尽量少用专业术语、古诗词、古文等。
- 情绪感染指的是在沟通过程中通过生动形象的表达感染对方，让对方产生代入感，生出与自己相同的情绪，产生更多情感共鸣。
- 具体描述指的是借助事实、案例、数据、指标、工具、流程等进行描述，将观点直观地呈现出来。
- 同理包容指的是接纳和包容对方，站在对方的立场上表达自己的观点，让对方产生“同理心”。在工作场景中，沟通的最终目标就是达成一致。所以，从本质上来看，沟通双方的目标应该是一致的。
- 比拟举例指的是用比喻、故事、举例等方式引出自己想要表达的内容。

一般情况下，故事主角应是其他人，借此让对方在听故事的过程中放松精神，开放思想，全身心地投入其中，减弱对不同观点的抵触与防范。

◆ 真正有意义的换位思考

换位思考也可以理解为角色互换。在沟通过程中，沟通双方如何才能做到有意义的换位思考呢?

（1）听。站在对方立场思考问题，认真听取对方的观点，分析对方说话的原因、意图与目的，理解对方真正想要表达的内容。在沟通过程中，听比说更重要，因为想要说服对方，必须先理解对方的观点，知道对方想要表达什么内容。为了表示自己在认真倾听，在别人表达观点时应做一些回应，在听懂他人的意思之后再发表自己的见解。认真聆听他人的发言不仅会让对方产生受尊重的感觉，还能给自己争取更多思考时间。

（2）说。在说服他人之前，说服者一定要站在自己的立场有理有据地说出自己的观点，这个过程一定要做到“对事不对人”。职场沟通的最终目的就是说服对方，但没有人会心甘情愿地被说服。当对方意识到你要说服他的时候，会自动生出抵抗心理，即便你言之有理，他也会想方设法地提出异议。所以，说服方在表达自己的观点时要尽量做到语气温和、平静，礼貌提问，积极回答对方的质疑。简单来说，就是要根据对方的“沟通维度”用最通俗的语言、最简单直接的方式表达自己的立场。

在听与说的过程中要尽量避免以下两点：

第一，在听的过程中不认真分析对方想要表达的内容，一味地思考如何反驳对方。

第二，在说的过程中不思考如何有理有据地表达自己的观点，而是单纯地想让对方认同自己。

◆ 如何有效地说服他人

因为“知识诅咒”与个人立场、专业水平、所掌握的信息量有关，所以，即便自己观点正确，也要想方设法说服对方。在这个过程中，可以使用以下四个小技巧，如图 5–2 所示。

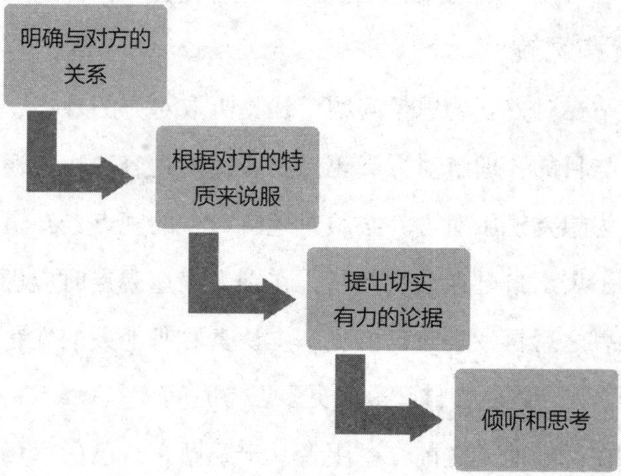

图 5–2　有效说服他人的四大技巧

（1）明确与对方的关系。

如果对方与你从未谋面、素不相识或者立场完全对立，当观点发生分歧时，经常出现互不相让、相持不下的情况。例如，一场辩论赛，因为双方都有自己的论点，看起来是相互说服，其实是自说自话，很少对对方的观点进行深入思考，即便思考也是为了找到对方话语中的漏洞。所以，要想说服对方，必须先与对方建立良好的关系，认真倾听对方，思考对方为什么会坚持这种观点，准确定位对方的痛点，一击而中。

一项心理学研究表明，在说服对方时言辞越犀利，越容易遭到对方的驳斥与抵抗。相反，如果认真倾听对方，让对方对自己产生好感，越容易让对方接受自己的观点，从而成功地说服对方。所以当对方表达观点时不要急于打断，要认真听对方讲完，然后说一些“我理解，我也有类似的想法”之类的话表示对对方的尊重。

总而言之，优秀的劝说者不会全盘否定他人，往往会先对对方表示认可，然后再说出自己的观点，一点一点地说服对方。

（2）根据对方的特质来说服。

如果对方是依赖型人格，你强势一点，对方有可能很快就会被说服。但如果对方是强势型人格，如果你强势，对方很有可能还击，导致沟通陷入困境。所以，说服者要根据对方的特质来选择合适的说服方式。

如果对方是女性，在说服时应先表明自己的立场与其一致，让对方将你视为“自己人”，这样说服起来就会顺理成章。如果对方是男性，要先向其表示尊重，然后提出自己的意见与观点，这样更容易被接受。

当然这只是一个概论，在实际沟通中还是要先了解对方的脾气秉性，从对方的需求和痛点切入，这样才能让对方对自己敞开心扉，乐于接受自己的观点。

（3）提出切实有力的论据。

在说服别人时一定要拿出真凭实据，如果只凭感觉说话，很难说服对方。这里的真凭实据指的是可靠的资料与凭证、真实的统计数据、权威人士的佐证、具体的事例等。例如，要向客户推销一款产品，要说服客户下单购买，可以向其介绍这款产品的具体性能、销售记录、好评率等，相较于“不买会后悔”来说，这样的语言更有说服力。

（4）倾听和思考。

在说服对方之前必须做好准备工作，即要明确沟通目标与沟通对象，而这要求说服者学会倾听与思考。

在沟通过程中，在你提出自己的观点之后，对方也有可能提出自己的看法，甚至有可能驳斥你的观点。面对这种情况，你所能做的就是“倾听＋思考”。

例如，“他的观点是否正确？”“如果他的观点错误，那么错在哪里？”“如果他的观点正确，那么我们两个的观点哪个更有利于目标实现？”

在沟通过程中，我们要牢记一点：沟通的目的不是为了证明谁对谁错，而是为了达成共识，找到一个能达成最终目标的最佳方案。

巧用说服技巧，破除心理防线

在职场中，对于管理者来说，如何应对“刺头员工”是一大难题。这些“刺头员工”要么有一技之长，经常违反公司的规章制度，有恃无恐；要么性格偏执，不易沟通。对于这类员工，如果采用强硬的手段处置，很容易激化矛盾，产生无法预见的后果。所以，在处理这类问题时，管理者可以尝试使用说服性沟通。

王亮是一家房地产公司销售部的经理，因为公司男性员工比较多，所以在办公区吸烟的现象非常常见。在销售领域，烟似乎早已成为一种社交工具。但除了销售部门外，公司还有一些职能部门，这些部门的女同事对二手烟意见极大，就这个问题向总经理反映了多次都得不到解决，无奈之下，有的女同事拨打了 12345 市民热线投诉，二手烟问题引起了公司的高度重视。总经理明确告知王亮，要求他们部门做好禁烟工作。

王亮回到销售部，向下属转达了这一消息，结果遭到了强烈反对。其中一位资深销售带头反抗道：“我吸烟几十年了，也没觉得身体有什么不好。那些不吸烟的，也不见得她们身体就好啊。”

一句话掀起千层浪，其他员工纷纷附和道：“就是啊。”

王亮发现舆论导向不对，立即厉声说道：“从今天开始，办公区域不许吸烟，发现一个扣 200 块钱！”

资深销售继续说道：“嘿，那这样行不行，我给你 1000，先把这个月吸烟的份子钱交了呗！”

经过一番争论，销售部员工在办公区域吸烟的问题并没有得到解决。王亮把这一情况反馈给了总经理，总经理决定采用“说服性沟通”与销售部员工来商讨此事。

说服过程中需注意的五大要素如图 5-3 所示。

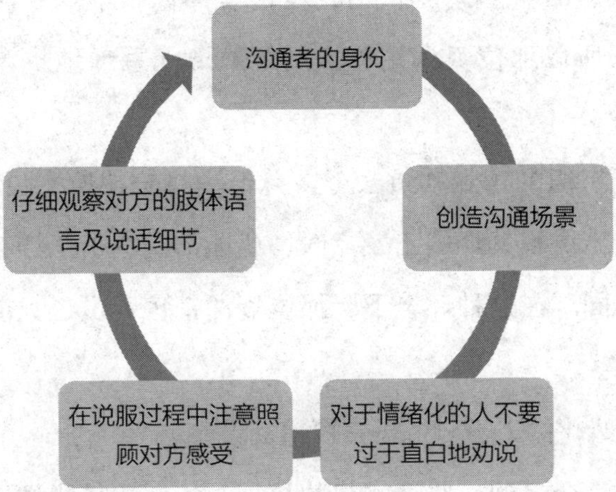

图 5-3　说服过程中需注意的五大要素

（1）沟通者的身份。

在说服性沟通中，沟通者的身份非常重要，必须具有权威性，因为这决定着沟通者整体的信服度。一般情况下，备受尊敬的人说出来的话更容易引起重视。

在抽烟这件事上，王亮本身就是一位烟民，经常在办公区吸烟。所以，他给自己的身份定位就是公司禁烟规定的传达者，在沟通者这一角色上的分量显然不足，所说的话也没有说服力。为了解决这个问题，总经理请来了严于律己的副总经理，其平时上班西装革履、发型整齐，而且从不吸烟。在禁烟一事上，他非常有话语权。在与销售部人员沟通禁烟事宜时，他不仅拿自己举例，向大家说明二手烟的危害，而且劝诫大家在与客户交谈时最好不要吸烟，更不要主动给对方递烟，因为他销售能力出众，所以他的这一番话取得了销售部员工的信任。

（2）创造沟通场景。

人们都有从众心理，在管理者下达一个指令之后，周围其他听众的反应与态度会决定被说服者的态度。王亮在销售部宣布禁烟令时，因为周围人都持反对态度，所以那位资深销售人员才敢肆无忌惮地抗议，直接挑战公司决定。

而在总经理组织的禁烟动员会上，总经理将公司所有员工召集在一起，在副总经理向大家讲解禁烟的出发点时，职能部门的员工频频点头，管理人员也纷纷表示赞同。在这种环境下，那位资深销售人员也只能点头同意，在禁烟承诺书上签字。

（3）对于情绪化的人不要过于直白地劝说。

在职场上难免会遇到一些情绪化的员工，他们比较张扬，容易激动。在说服这类员工时，管理者切忌单刀直入，最好的方式是从周边话题聊起，让他们自己将话题引到焦点问题上，然后以商讨的方式进行沟通，这样无论说什么，他们都不会产生强烈的抵触情绪，甚至能愉快地接受。如果一开始就否定，很容易激发他们的抵抗情绪，导致接下来的说服工作难以开展。

（4）在说服过程中注意照顾对方感受。

叛逆、逆反不是青少年的专利，很多成年人也有这方面的情绪，主要表现为“越强迫我做什么，我越不愿意做什么”。此外，成年人还有非常强烈的自我保护心理，主要表现为“如果你总是否定我，我也会想方设法否定你”。所以，在说服性沟通中，一定不要激发对方的敌意，否定对方观点时可以用自己的失败经历做案例，推销自己的观点时可以用对方的成功经历做案例，降低对方的接受难度，更顺利地说服对方。

整个说服过程必须保持耐心。因为有些人即便内心深处已经表示了认同，但嘴上却不服输。遇到这种情况，说服者必须有耐心，切忌在紧要关头说气话，将一场即将成功的说服变成一场情绪上的对抗，最后不仅让对方更难以接受，而且使说服难度进一步加大。

（5）仔细观察对方的肢体语言及说话细节。

在说服别人时，说服者往往会将想说的话包裹起来，用一种好看、体面的形态呈现出来，被说服者的答复也是如此。所以，对于说服者来说，要想更好地了解被说服者想要表达的意思，听出被说服者的言外之意，必须仔细观察他说话时的细节，对言语中的关键词进行揣摩。在这种情况下，说服者的说服语言不能过于直白，因为既然被说服者不愿意直接表露自己的心意，说明其有所顾虑。说服者要考虑到这一点，将自己的观点委婉地表述出来。虽然这种交流方式会在一定程度上降低沟通效率与准确率，但可以提高对方的接受度，提高成功说服的概率。

步步为营，用逻辑说服对方

在实际工作场景中，几乎人人都会遇到一些需要谈判的场景，如向客户推销一件产品、跟领导谈升职加薪、面试时让面试官认可自己的价值并雇用自己等。但每个人回首过往，可能都有因为口不择言错失良机的遗憾，甚至曾因此遭遇一些不必要的麻烦。怎样才能在这些小小的谈判场上占据先机，用理性与逻辑为自己争取优势，一步一步地说服对方呢？

◆ 说服逻辑

要想步步为营地说服他人，首先要构建说服逻辑。一般来讲，说服逻辑的构建需要四步，分别是抓痛点、换角度、讲故事、找共鸣，如图 5–4 所示。

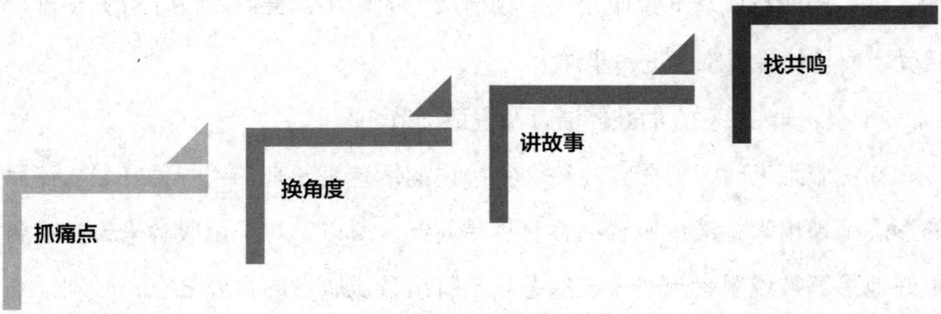

图 5–4　构建说服逻辑的四个环节

（1）抓痛点。

只有明确对方的需求，知道对方想要什么，才能获得自己想要的，这就是所谓的“有理、有利、有节”，“利”字道出了说服的关键。例如，你想跟领导谈加薪，相较于单纯地说，“我这几年给公司做了不少业绩，所以您看我的工资是不是能涨一涨？”不如说，“领导，这是我明年的工作计划，如果一切顺利可以给公司带来 ×× 效益，您看我的工资能不能涨一涨？”公司业绩是领导最大的痛点，如果这份计划可行，领导极有可能同意你的加薪申请。

（2）换角度。

从对方的价值认知体系出发说服对方。比如一位咖啡店店员向客户推销一款咖啡，因为这款咖啡的价格比较高，在说服客户接受这个价格时显然不能说店面成本高、宣传设计成本高，因为这些费用本来就应该由公司承担，为什么要让消费者共担呢？应该从咖啡本身的品质说起，如使用的是新西兰进口牛奶，采用特殊工艺脱脂加工，虽然价格高，但是绝对健康好喝，物有所值。

（3）讲故事。

在说服他人时，讲故事是一种非常有效的方法。例如，要说服司机开车系安全带，如果你告诉他，"80% 的驾驶员在交通事故中丧生都是因为没有系安全带"，对方可能不太在意。但如果你告诉他，"我有个朋友跟团出去玩，大巴车突然遇到交通事故，车上系了安全带的人只是受了轻伤，没有系安全带的人直接飞离座位，伤情非常严重，所以，无论开车还是坐车，一定要系好安全带啊！"对方听到这个故事可能会深受触动，从此养成系安全带的习惯。

（4）找共鸣。

在谈判场景中，如果因为价格问题僵持不下，说服者可以创造一个共同的敌人，例如，"只有压低价格才能占据更多市场，积累更多客户，产品销量才能提升"。这里，"客户"就是双方共同的敌人，为了争取更多客户，谈判双方就可以形成利益共同体，价格问题就变得容易解决了。

无论抓痛点、换角度，还是讲故事、找共鸣，其核心都是利用一些方法让对方认识到你的观点可以为其带来价值。对于一些人来说，价值这个概念可能有些大。那么我们换一种说法，桌上有一个杯子，杯子里面有半杯水。有人可能会说，"哇，杯子里有水"，有人可能会说，"噢，还差半杯就满了"，还有人可能会说，"啊，怎么只有半杯水？"

其实，这几种说法传递的信息是一样的，但因为说话角度与态度不同从而产生了截然不同的结果，沟通分歧就是这样产生的。在说服过程中，展现信息与事实非常重要，但更重要的是态度。因为事实是客观存在的，但陈述角度、陈述态度不同会产生完全不同的说服结果。

◆ 实践应用

那么在实际工作场景中，我们应该如何用逻辑说服对方呢？逻辑说服的关键五步如图 5-5 所示。

图 5-5　逻辑说服的关键五步

第一步：引起重视。

开始时，说服者要想方设法地引起对方的注意，唤醒对方，激发对方的兴趣，让对方快速参与进来。在这个环节，说服者可以列举一些案例、数据，或者讲述一些有趣的故事，将对方的注意力吸引过来，快速进入主题。也就是说，在说服对方时可以先寻求情感认同，再获得道理认同。

第二步：设立需求。

要想说服对方，让对方认同自己的观点，跟随自己行事，必须让对方了解改变的必要性，但最好不要和“解决方案”联系在一起。例如，向客户推销一款产品，最好先告诉客户这款产品有什么功能，可以帮他们解决什么问题，满足什么需求，然后再将产品展示出来。简单来说，就是要让对方相信现在的情况必须改变，然后才能说服对方跟随自己行动。

在这个环节，为了增强说服力，可以使用一些数据支持自己的观点，阐述维持现状会产生哪些后果等，让听众感到不安，进而产生改变意愿。

第三步：满足需要。

在完成需求设立后，说服者要开始满足这个需求。在这个环节，说服者可以介绍自己的解决方案及工作原理，回答对方的问题。例如，向客户设立需求："您的公司因为没有实现自动化每年白白损失 5000 万元，而一整套自动化设备才 2000 万元。"刺激客户产生立即采购一套自动化解决方案的冲动。然后向其介绍自己的自动化解决方案，在介绍的过程中适当地添加一些说明、论证和总结，增进对方的理解，并给出案例与数据证明方案的可行性。

第四步：展望未来。

展望未来是成功说服过程中最关键的一步。前面三个步骤只是从逻辑上说服对方，这一步则是从心理层面说服对方，让对方看到好与坏两种情况，让对方明白采用解决方案会产生什么结果，不采用又会产生什么结果，通过这种方式让对方产生需求。说服者在向对方描述对未来的展望时必须现实且具体，因为越现实、越具体，说服力越强。说服的最终目的是获得对方的认同，让对方采取预想中的行动，为此，说服者可以采用以下三种方法来分享对未来的展望：

（1）从正面分享：重点描述采用解决方案之后会产生哪些美好的结果。

（2）从反面分享：重点描述不采用解决方案会产生多么可怕的后果。

（3）两面对比：先描述负面结果，再描述正面结果，用两种截然不同的结果来说服对方。

第五步：呼吁行动。

呼吁行动是整个说服过程的最后一步，也就是告诉对方要采取什么行动，行动方案最好具体且简单，而且能够在 48 小时内立即行动，否则很容易被人遗忘。

总而言之，说服者要根据不同的场景采用不同的说服策略，不能一概而论。最重要的是要注重逻辑，做到有理、有据、有框架，稳扎稳打、循序渐进地说服对方。

巧妙构思，用故事武装论点

亚里士多德说过："我们无法通过智力影响别人，但情感却能做到这一点。"我们虽然可以用逻辑影响别人，获得别人的认同，但很多时候只有逻辑是远远不够的。相较于逻辑说服来说，故事说服更容易引起共情，增进与对方的情感连接，获得对方的支持与理解。

例如，每年联合国都会公布偷渡溺亡的难民数字，但直到那名叙利亚儿童死后被冲上岸，各国民众才开始正视这一问题，改变对难民的态度。由此可见，无论在什么场合，想要说服别人都需要有故事。讲故事应该是除结构化思维之外另一个被低估的能力。那么，在职场沟通中，我们如何通过讲故事达到预期目的呢？

假设你是一家企业的CEO，有两位咨询顾问，分别帮你进行了管理体系的诊断，结论都是一样：组织架构冗余、资源重复配置。以下是两位顾问的汇报内容，看看你更喜欢谁的方案。

顾问A："我们访谈了贵公司的高管，调研了主要竞争对手，也研究了贵公司的组织架构。我们发现贵公司组织架构冗余，比如各工厂间研发资源重复配置，导致产品同质化、恶性竞争。"

顾问B："正如您所知道的，目前整个行业都面临严重的产能过剩。贵公司要继续发展，必须优化资源配置、淘汰落后产能、开发高端产品。但目前因为组织架构冗余，比如各工厂研发资源重复配置导致内部恶性竞争（××与××两家工厂已在互相压价）；同时资源分散，导致高端产品开发能力弱（高端产品占比是××，而竞争对手是××），只能在中低端产品上打价格战。"

"因此，我们建议将××与××资源集中到总部来应对这些问题，而且这样做可以节省 10% 的人力成本，可谓是一举两得。”

最终，这家企业的 CEO 选择了 B 顾问的方案。为什么 A 顾问的方案会被淘汰呢？我们对上述两种汇报思路进行详细拆解，发现相对于 A 顾问来说，B 顾问的汇报思路有以下三大优点：

第一，通过制造冲突让 CEO 意识到问题的严重性。要想解决产能过剩必须优化资源配置，转向高端产品研发与生产。但目前组织架构冗余，导致资源出现了严重浪费，而且开发能力较弱。这样一来，二者之间就构成了一对鲜明的冲突。

第二，通过数据、案例支持自己的观点。

第三，提出可行性方案及正面展望，比如解决现存问题，并节省 10% 的人力成本。

企业 CEO 每天要解决的问题很多，只能选择一些重要问题去解决。如果不说明冲突，CEO 很难意识到问题的严重性。虽然商业故事和小说故事一样需要制造冲突，但相对于小说故事来说，商业故事有自己独有的特点，这种特点主要表现在以下四个方面（见图 5–6）。

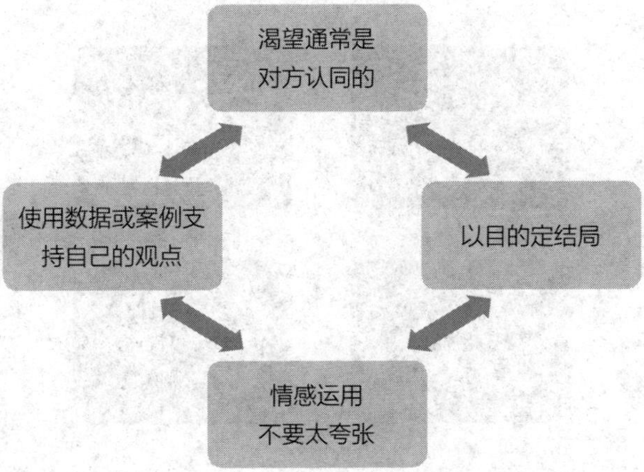

图 5–6　商业故事的四大特点

（1）渴望通常是对方认同的。商业故事中的“渴望”不是人为制造的，而是其本身就存在，且需要主动挖掘的。说服者要发现说服对象的渴望，并通过语言描述将这种渴望表现出来。比如顾问 B 一开始就讲述了行业产能过剩问题，恰好迎合了 CEO 内心的渴望，并在此基础上制造冲突，彻底吸引了 CEO 的注意力。

（2）以目的定结局。一般来说，由于商业故事都有自己的目的，说服者需要根据目的确定结局，然后从结局倒推，制造冲突，吸引注意，说服对方同意观点与方案。总而言之，用一句话概括商业故事的套路就是：“始于众人皆知的常识，终于只有自己知道的洞见”。

（3）情感运用不要太夸张。在讲述商业故事时，讲述者的情感不需要太夸张，当然在投资人面前例外。在争取投资人投资时，讲述者要饱含激情地讲述自己的梦想，用真挚的情感打动投资人，获得投资。

（4）使用数据或案例支持自己的观点。在商业故事中，数字和案例比语言更具说服力。

为了说服对方，获得对方的认同，讲述者在使用故事包装自己的论点时，可以参考以下四种常见的故事模型（见图 5-7）：

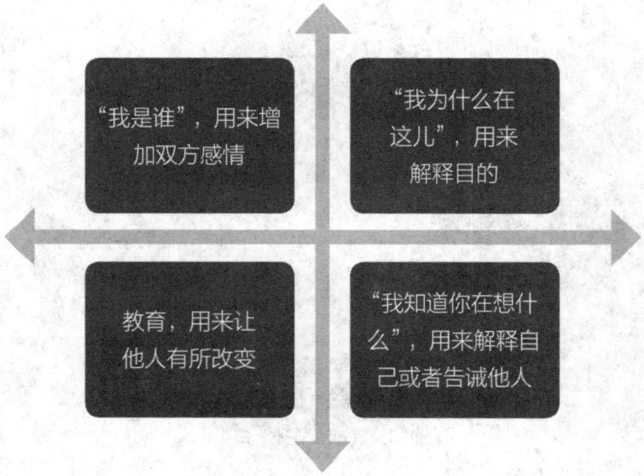

图 5-7　四种常见的故事模型

故事 1:“我是谁”，用来增加双方感情。

例如，找工作时，第一个环节往往是自我介绍。此时，为了说服面试官认可自己，应聘者就要讲好“我是谁”的故事，如梦想、过去的成就、曾经遭遇的挫折、价值观等，正是这些故事造就了现在的你，将你与其他人区分开来。所以，在面试，与新同事、新客户交往，或加入一个新团队时，不妨讲讲自己的故事，说服对方认可自己，与对方建立情感链接。

故事 2:“我为什么在这儿”，用来解释目的。

比如咨询行业提供的往往是非标准服务，而且需要提前支付大笔费用。在谈合作的时候，客户经常问:“虽然承诺得很好，但将来做不到怎么办?”为了打消客户的这种顾虑，我们需要讲好“我为什么在这儿”的故事，告诉客户“让客户满意，维护公司声誉是我的使命，所有对接的项目我都会负责到底，所以我不会向您承诺一些做不到的事情，那样的话就是在给自己挖坑。”然后可以列举一些过去的成功案例，获取对方的信任，达成合作。

故事 3：教育，用来让他人有所改变。

在团队管理中或在教育培训中，如果希望对方做出一些改变，也可以选择用故事包装自己的论点。例如，在团队管理中讲述一些榜样员工的故事，通过这些故事激励员工，说服员工做出一些改变。

故事 4:“我知道你在想什么”，用来解释自己或者告诫他人。

当你讲到一个观点时，你预计会受到哪些质疑或反对，提前讲出心中的疑虑，再自行解答，让对方一直跟随你的思路进行思考。这类故事还可以用来告诫对方，“别以为我不知道你在想什么”，起到一定的警示作用，更好地说服对方。当你向对方传递可能引起质疑的观点，或者想要警告他人时都可以用这个故事。

总而言之，结构化思维可以解决很多问题。对于说服者来说，组织故事的过程就是一个思考的过程，可以让自己的观点、方案更具说服力，提高说服对方的概率。

放下情绪包袱，用事实说话

在与人沟通时我们经常能发现这种情况：无论采用什么方法，对方都不想听到事实；或者无论怎样解释，情况都没有改变。在职场中，当你无法向同事、上级领导、下属员工说出自己的真实想法时，是否会产生较大的挫败感？面对这种艰难的谈话时刻，我们应怎样讲出事实，让别人接受事实真相呢？

◆ 了解回避真相的原因

在向对方讲述事实真相时要注意可能发生的四类抵触，即无知自信、心理抵触、感知差异和利益抵触，我们将其称为“真相杀手”（见图 5-8），因为这四类抵触是导致人们不愿意接受事实真相的主要原因。

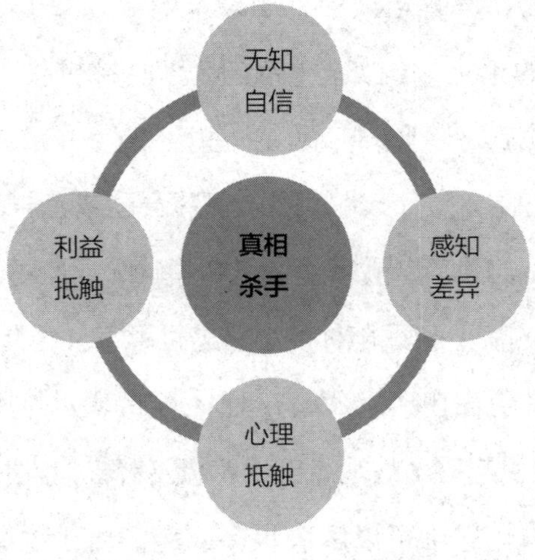

图 5-8 “真相杀手”的四大内容

无知自信的诱发原因主要是培训不足、缺少反馈或邓宁—克鲁格效应，这属于一种认知偏见，表示接受者无力解决某些事情，而且无法认识到自己的不足。

当人们接受了一种真相之后，要让其相信一个新的真相并非易事。真相杀手中的感知差异主要取决于人们对世界的不同看法和他们脑海中已经存在的参照物或者参照系数，所以对方不会轻易地接受你的反馈。但通过你的真相呈现，他们会知道你对同一种事物存在不同的看法。

心理抵触是因为人们同时持两种截然不同的观点而产生的一种心理不适现象。当发生认知失调时，人们往往会选择自我感觉较好的那一种观点来缓解内心的紧张情绪。

最后，金钱、利益往往会掩盖真相。在金钱、利益的双重刺激下，利益抵触往往会导致人们无法接受真相。

◆ 聚焦事实

在呈现事实真相之前，说服者应该知道什么是真相。每场关于真相的谈话都应该包含四个方面的内容，分别是事实、解读、反应与结果（FIRE 模型）。让对方倾听的最佳方式就是让谈话内容尽量简单，只聚焦事实，放弃解读、反应与结果。

聚焦事实首先要明确事实有五大特点，分别是具体、客观、公正、没有感情色彩、及时。呈现事实时应该做到以下两点：

第一，事实应该清晰，不应该包含“总是”“从不”“永远”“不可能”“一直是”等含混不清的词汇。

第二，事实应该客观，不能软化真相。有些时候，为了让对方更容易接受事实，人们经常软化真相，实际效果却往往与预期相反。因此，说服者呈现的所有事实都应该客观。

对于说服者来说，聚焦事实可以弱化情绪包袱，所以在与对方谈话时要着眼于当下，消除情绪的影响。

◆ 换位思考

发现事实真相之后，可以尝试改变立场、转换思维，站在对方的角度看问题。换位思考是一种比较实用的方法，可以在向对方传递信息时带领对方进入状态，让对方全身心地倾听自己讲话。在对方发现我们站在他们的立场审视问题后可能会感动，作为回应，对方极有可能降低心理防御，认真倾听我们的观点。

为了真正做到换位思考，说服者要将对方视为一个独立的个体，真正站在对方的角度考虑问题，不要将其视为群体的一员，否则很难真正做到换位思考。例如在与对方讨论某个事实真相之前，先在心里对自己说："我将与 ×× 进行一场关于 ×× 事件真相的谈话"，借此提醒自己谈话对象不是群体成员，而是自己的"对手"。

◆ 设定有效目标

在明确事实真相、了解对方看问题的角度之后，就可以开始进行真相谈话了。如果事实真相很难表达出来，而且对方被"真相杀手"包围，存在强烈的抵触情绪。在这种情况下，说服者需要采取一些策略来推进谈话。

说服者需要设置一些有效目标，设置目标的三忌，如图 5-9 所示。

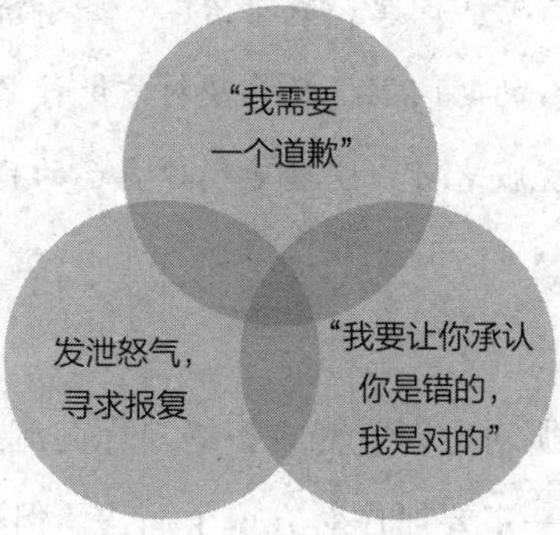

图 5-9　设置目标的三忌

第一，“我需要一个道歉”。告知对方真相的一个常见目标就是让对方主动承认错误，但很多时候，在你用这种方式寻求对方道歉时，往往很难达到目的，更无法让对方产生永远的行为改变。而告知对方真相的真正目的就是让对方改变行为，不是认错道歉。

第二，“我要让你承认你是错的，我是对的”。很多人都把让对方认错视为证明自己正确的最佳方式，但这种方法往往行不通。如果呈现事实真相的目的是证明“你是错的，我是对的”，就会将整场对话置于输赢对立的状态，很难取得令双方都满意的结果。

第三，发泄怒气，寻求报复。说服者必须注意，向对方呈现事实真相的目的不是发泄怒气，寻求报复。所以，呈现事实真相时必须保持理性，讲究战略方法，比如“六个月之后”的方法。

说服者在呈现事实真相说服对方之前，先设想自己与对方将在未来六个月的时间里一直保持交流，在展望未来的交流时要考虑以下四个问题：

第一，在未来六个月的时间里，我希望我们之间的关系发展到什么程度？

第二，在未来六个月的时间里，我希望发生什么变化？

第三，在未来六个月的时间里，我希望做哪些事情？

第四，在未来六个月的时间里，我希望对方做什么事情？

通过这四个问题，说服者可以明确地构建自己的目标。

◆ 对话而非对抗

在你试图用事实说服对方时，对方拒绝与你交流。面对这种情况，很多人都会产生对抗情绪，一定要抓住对方说个痛快。但这种方式不仅不能说服对方，而且很容易让对方产生抵触情绪，如拒绝与你产生目光接触、保持沉默、简短粗暴地回答问题、假装“失忆”、将话题引向无关的主题、为你提供无价值的信息，或者直接回应“无可奉告”等。

面对这种情况，最简单的方法就是采用 IDEAS 流程，这个方法包含五个步骤，如图 5-10 所示。

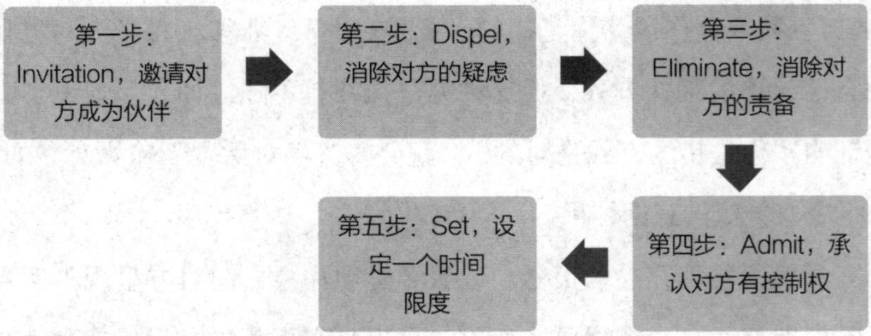

图 5-10　IDEAS 流程的关键五步

第一步：I，即 Invitation，邀请对方成为伙伴，比如“你愿意就 ×× 问题和我谈一下吗？”

第二步：D，即 Dispel，消除对方的疑虑，比如“我想对这个问题做个评估，确认我们俩的想法一致。”

第三步：E，即 Eliminate，消除对方的责备，比如“我们的观点不一致，看问题的角度不同，我们可以一起讨论并制订计划，推动工作向前发展”。

第四步：A，即 Admit，承认对方有控制权，比如“你认为这样可以吗？”

第五步：S，即 Set，设定一个时间限度，比如“你想现在谈一谈还是吃完午餐之后？”

这个简单的流程提供了一个开放平台，让双方可以平等对话而非相互攻击。因为 IDEAS 流程的每一步都有明确的目的，当上述五个步骤组合在一起时就会产生多米诺骨牌效应，减弱对方的抵触情绪，让对话进入一个更好的状态。

◆ 用事实说话，让未来更好

在准备好分享事实之后，说服者必须向对方分享大量事实来保证对方产生“纠正性跳跃”，其原因在于一旦说服者的思想、认知放开之后，就是说服者向其分享事实的最佳时机。此时，说服者可以向对方发出邀请：“我们来讨论一下怎样才能做得更好吧！”

如果对方答应了邀约，说服者就迎来了解决问题、规划未来的最佳时机。很多时候，说服困难是彼此执着于回顾过去，围绕过去的错误争执不休所造成的。虽然在说服性沟通的过程中确实需要通过回顾过去来完成“纠正性跳跃”，但在理想情况下，说服者还是要将话题引向美好未来的规划与设计上。

总而言之，通过呈现事实的方式与对方开始真相谈话就是一个谈话过程，在这个过程中，说服者可以说出艰难的真相，让对方接受并给予理解和支持。基于事实的沟通与交流不仅可以减弱听众的心理障碍，还可以让听众改变自身的行为，达到真正的说服目的。

下篇

场景演练篇

第6章 求职面试
巧言妙语，展现个性真我

求职第一问，请先做个自我介绍

研究生毕业的小刘到一家大型房地产公司面试，因为他一向健谈，口才极好，所以面试之前毫无准备。在面试官请他做自我介绍时，他介绍完个人基本信息之后，便开始谈论房地产行业的发展趋势，因为离题万里，而且越说越多，面试官渐渐显露出不耐烦的神色。在他讲到第5分钟的时候，由于面试官不得不出言打断，小刘的自我介绍只能半途而废。

本科毕业的小芳到一家媒体企业应聘，面试在一个很大的办公室进行，五人一小组，进行话题自由讨论。第一个环节，要求所有的应聘者做自我介绍，小芳排在第三位，因为事先有所准备，小芳不慌不忙，站起来做了一场非常流利的自我介绍。但因为这段自我介绍太过“完美”，给人一种背书的感觉，显得过于生硬。

最终，这两个人的面试都以失败告终。小刘面试失败在情理之中，可为什么准备充足的小芳也会失败呢？求职面试究竟应如何应对呢？

在求职面试的过程中，自我介绍是非常关键的一个环节，因为大部分面试官的第一个问题就是“请做一下自我介绍”。所以，自我介绍也被称为“求职面试第一问”。

很多人都认为自我介绍非常简单，只要将个人信息讲清楚即可，其实不然，在短则 1 分钟，长则 3 分钟的时间里，如何将个人的基本情况、过往的优秀经历、求职意愿等内容详尽地表达出来，让面试官对自己产生初步了解，激发面试官的好奇心、提问欲，是一个非常值得研究的话题。

一场精彩的自我介绍需要注意以下三点（见图 6–1）：

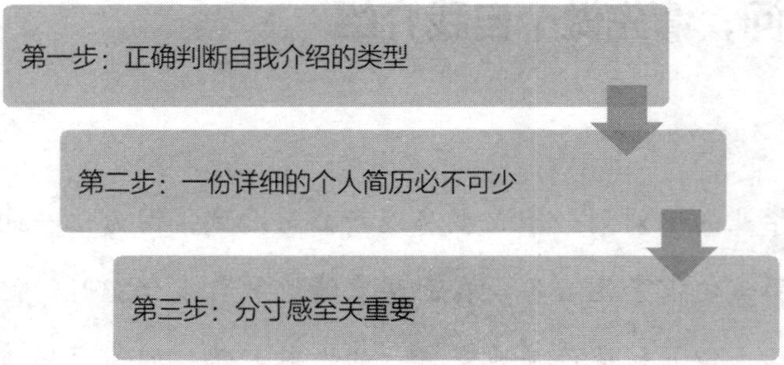

图 6–1　自我介绍的三个关键点

◆ 第一步：正确判断自我介绍的类型

根据介绍人的不同，自我介绍可以分为两种类型，一种是主动型自我介绍，一种是被动型自我介绍。

（1）在社交活动中，在想要结识某人却无人引荐的情况下，就可以“毛遂自荐”，将自己介绍给对方，这种自我介绍即主动型自我介绍。

（2）在求职面试场景中，围绕自己某方面的具体情况进行自我介绍，这种自我介绍即被动型自我介绍。在求职面试中，求职者要做的就是被动型自我介绍。

◆ 第二步：一份详细的个人简历必不可少

面试中的自我介绍主要包含三大基本信息，分别是姓名、曾供职单位及部门、曾担任职务及所负责的具体工作。在被动型自我介绍中，这三大基本信息缺一不可。

（1）姓名应一口报出，不能有名无姓，或者有姓无名。

（2）曾工作单位及部门最好全部报出，如有顾虑，具体的部门可以有所保留。

（3）曾担任的职务及负责的具体工作最好全部报出，如果职务较低或者没有职务，只要说明负责的工作即可。

例如，“我叫 ×××，曾在 ××× 公司担任客户经理，负责 ×××× 事务。”

◆ 第三步：分寸感至关重要

（1）控制时间。在面试中，自我介绍一定要简洁，时间最好控制在 1 ～ 3 分钟。求职者只要将个人基本信息，以往工作中取得的成绩简单介绍一下即可。如果面试官对这些经历感兴趣会主动提问，如果不感兴趣，这样简略带过既可以让面试官对自己有更深入的了解，又不会引起面试官的反感。

（2）讲究态度。

- 求职者在做自我介绍时态度要友善、亲切、随和，所有讲述都要流畅自然，切忌吐字不清、扭扭捏捏、吞吞吐吐。
- 求职者在做自我介绍时要充满信心和勇气，忌讳妄自菲薄、心怀怯意。要直视面试官的眼睛，落落大方、从容不迫。

- 求职者在做自我介绍时，语气要自然，语速不可过快或过慢。如果语气生硬冷漠，语音含混不清，会严重影响自己在面试官心目中的形象，给后续面试造成不良影响。

（3）追求真实。求职者自我介绍的所有内容都必须真实，既不能过分谦虚，一味地贬低自己，也不能自吹自擂，夸大其词，将一些莫须有的成就放在自己身上，欺骗面试官。在面试中，真实、真诚非常重要。

好好说话，不做话题终结者

小江是一名高级机电工程师，在新加坡某公司工作了三年，因思念家人决定回国发展。在一次求职面试中，小江每句话结束都会拖上一个“啦”字。面试结束，小江询问面试结果，面试官告诉他：“请回去等消息啦！”小江还以为面试结果不错，欣然离开，回家之后却始终没有接到电话。

其实，在现实生活中，很多有过海外学习或者工作经历的人都喜欢在汉语中夹杂外文。在面试中，这种语言表达习惯非常不好，不仅无法让面试官清楚地理解自己的表述，而且有做作卖弄之嫌，很容易引起面试官的反感。

另外，在面试中，有些求职者堪称“话题终结者”，生硬的回答让面试官毫无招架之力，例如：

面试官问：“请告诉我你的一次失败经历。”

求职者答：“我想不起我曾经失败过。”

面试官问："你有什么问题要问我们吗？"

求职者答："请问你们的规模有多大？中外方的比例各是多少？请问你们董事会成员中中外方各有几位？你们未来五年的发展规划如何？"

面试官问："关于工资，你的期望值是多少？"

求职者答："你们打算出多少？"

在求职者的这些回答中，有的过于自信，有的反客为主，有的不当反问，都很难获得面试官的认可。那么，在与面试官沟通中，在问与答之间，求职者应在措辞用语方面注意什么问题呢？应如何利用语言为自己增色添彩，获得面试官的认可呢？

◆ 抓住语言的细节

对于求职者来说，无论求职经验多么丰富，面对一份心仪已久的工作，即便表面上看起来云淡风轻，内心也是惶恐不安，如履薄冰。这种情绪在面试中表现得更为明显。其实，在面试过程中，一些看似微不足道的细节非常重要，尤其是语言表达中的细节。如果求职者能对这些细节多一点关注，就有机会提高面试官对自己的评价，营造良好的面试氛围。具体来看，在与面试官沟通时，求职者应注意的四大细节如图6–2所示。

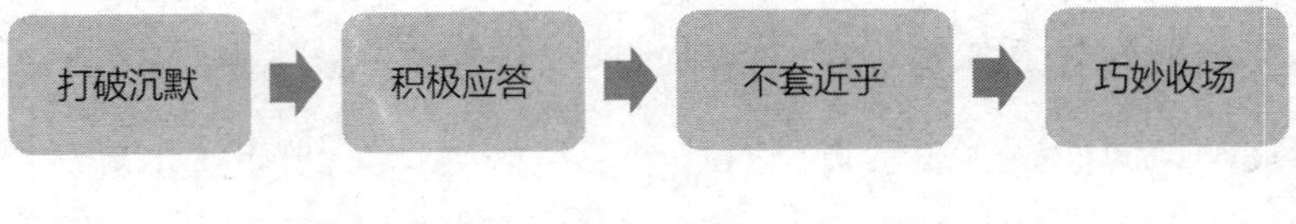

图6–2 求职者应注意的四大细节

（1）打破沉默。一般情况下，求职者进入面试办公室，在礼貌问好之后，就会等待面试官主动发问。如果面试官不主动发言，彼此之间就会陷入沉默，整个空间就会涌现一股尴尬的气氛。对于求职者来说，这种沉默会令其局促不安，紧张感骤增。为了避免陷入这种境地，在面试官长久不发问的情况下，面试者可以主动致意或交谈，展现自己乐观、开朗的一面，给面试官留下热情、善于沟通的良好印象。

（2）积极应答。在面试过程中，面试官可能会问一些非常“刁钻”的问题。面对这些问题，很多应聘者都会不知所措，随便敷衍几句了事，不做正面回答。例如，面试官问：“为什么你在3年里换了5次工作？”有的应聘者可能会说“工作不合适”“工资不理想”“工作环境不适应”等，只有极少数应聘者会说：“希望通过从事不同的工作积累更多经验，让自己快速成长。”

为了全方位了解应聘者，面试官会问很多问题。有些问题可能会出人意料，这就需要应聘者有强大的内心，面对任何问题都能面不改色、镇定自若、迅速思考，给出一个最合情合理的答案，切忌自乱阵脚、答非所问。

（3）不套近乎。大部分面试官都具备一定的专业素养，不喜欢应聘者套近乎。因为在面试过程中，应聘者与面试官的关系过于亲密，或者过于疏远，都有可能导致面试官做出错误判断。应聘者可以列举一两个有根据的事实来赞扬你所应聘的单位，让面试官知道你对这家公司有过深入了解，你确实非常喜欢这份工作。但所选的事情，所说的话应该有度，太多会让面试官产生不真诚、套近乎的感觉。

（4）巧妙收场。很多求职者在面试时不知道如何收场，给自己的面试画上一个完美的句号。其实，在面试结束时，求职者可以表达一下自己对应聘职位的理解，向面试官表示自己对这个职位的兴趣，询问公司接下来的安排等。最后，应聘者要和面试官礼貌道别，并对面试官的接待表示感谢。

◆ 面试官偏爱的十个问题

（1）“你是一个怎样的人？”面试官提出这个问题的目的在于对求职者做出进一步了解，所以，在听到这个问题之后，作为求职者，你要简洁明快地对自己的履历、受教育经历、工作能力、技能特长做一个简单介绍，然后用工作成绩证明自己的特长与能力，给面试官留下干练而诚恳的好印象。

（2）“你为什么要从事这个工作？”面试官提出这个问题的目的在于了解你的求职动机，考察你的判断能力与说话态度。面对这个问题，求职者要当机立断，坦然自己从事这份工作的必要性与重要性，不要拖泥带水，以免将自己置于不利地位。

（3）“你能为我们做些什么？”面试官提出这个问题的目的在于考察求职者对公司的认知，判断求职者是否有潜力、有能力为公司带来实际效益，考察求职者的沟通能力。为了能够很好地回答这个问题，建议求职者在面试前收集一些与企业有关的信息，在回答这个问题时有所涉及，让自己的回答既客观全面，又有针对性，从而获得面试官的好感。

（4）“你有什么长处？”对于这个问题，求职者要谨慎回答，因为这是除自我介绍之外一个非常难得的展示自我的机会。求职者可以介绍自己的长处是为人热诚、做事果断、意志坚强等，因为时间有限，所以要将主要特长展示出来，打动面试官。

（5）“你有什么弱点？”面试官提出这个问题的目的在于考评你的自控能力。在回答这个问题时，求职者切记不要说“我没有弱点”“我没有失败过”等，这些回答只能表示你是一个不敢面对现实、自我认知不清晰、不坦诚的人。最好的方法是将自己的弱点巧妙地讲述出来，让面试官感觉这恰好是优点。例如，求职者可以说：“我觉得自己有一些强迫症，一件事只要有一点瑕疵就会不停地折腾……”这种回答会让面试官觉得你是一个注重细节、追求完美的人，从而对你产生认可。

（6）“哪种类型的领导你最喜欢？”面对这个问题，求职者必须谨记一点：千万不要对领导评头论足。或许你有很多讨厌的领导的类型，但千万不要在面试中公开评论，因为这种类型的领导可能就坐在你的对面。最好的方式是避开这个话题，讲述自己喜欢的领导的品质，例如，“我喜欢有能力、有魄力、敢于承担责任、给下属机会的领导”。

（7）“你有哪些值得骄傲的成绩？”面对这个问题，求职者不能过于谦虚，说“我没有什么值得骄傲的成绩”，也不能太过自大，讲起自己的过去滔滔不绝。最好列举几个成功的事例，然后说：“无论这些事件是否算成绩，都不值得骄傲，未来还要继续拼搏。”这样的回答会让面试官认为你是一个坦诚、谦虚且上进的人。

（8）“你要求的薪酬是多少？”如果这是一个必须直面回答的问题，你可以充满信心地抬高自己的身价，但不能过分自大，要符合自己当前的能力，契合公司的实际情况。

（9）“你有其他问题需要提出吗？”面对这个问题，最不可取的回答就是“没有”。作为求职者，如果面试官始终没有提及公司的业务范围及需要你承担的工作，你可以简单询问。

（10）“为什么说你是做这份工作的适当人选？”面对这个问题，求职者可以实事求是，讲述自己的知识、能力、经验，让面试官了解自己的能力与他们的岗位职责相匹配。如果在面试过程中，求职者遇到一些不愿回答的问题，可以坦率拒绝，以免陷入尴尬境地。

随着高校不断扩招，高校毕业生越来越多，在这种情况下，面试被企业拒绝是一件很正常的事情。在面试之前，求职者要做好充分的心理准备，勇敢且坦然地面对各种问题，恰如其分地做出回答，在有限的时间内让面试官充分地了解自己，给面试官留下一个好印象，保证面试成功。

电话面试，成功拿到心仪的offer

在所有形式的面试中，电话面试可以说是难度最大的一种。因为人与人之间的沟通，7%源自语言，38%源自声音和语调，55%源自肢体语言。如果是面对面面试，求职者可以通过语言、动作、自身形象与面试官直接交流。而在电话面试场景中，求职者与面试官的交流途径只有语言，很多信息都无法当面传递给面试官，整个面试过程只能通过声音与语调进行辅助。

而语调和声音基本上是天生的，即便你的声音天生富有魅力，但受电话信号与周边环境的影响，这种魅力也很难完全释放出来。在缺少肢体语言交流的情况下，求职者说服面试官的概率大幅下降，导致最终录用结果不尽如人意。

案例1

刘先生是一名高学历且经验丰富的医药研发工程师，在应聘某跨国制药公司时接到了公司的电话面试。在与考官交流的过程中，刘先生使用了大量专业术语，导致电话那头的考官不知如何应答，两人在交流过程中出现了大量空白。起初，刘先生不以为意，还为自己的专业性沾沾自喜，直到接到公司的婉拒函，刘先生才突然意识到傲慢给自己带来了多么惨痛的教训。

案例2

周五的清晨，应届毕业生小倩正在睡觉，突然接到了一家公司的电话，HR告诉她10分钟以后进行电话面试。听到这个消息，小倩慌忙下床准备纸笔，打开电脑搜索公司信息。即便她利用这10分钟做了不少准备，但在电话面试时还是出现了问题。在与考官交流的过程中，她的宠物狗跳上她的膝盖开始吠叫，电话那头的考官变得不耐烦。可想而知，这场电话面试最终以失败告终，小倩就这样与心仪的工作失之交臂。

电话面试失败的案例还有很多，很多人都将电话面试视为“洪水猛兽”。其实，电话面试没有那么可怕，只要面试者掌握一些小技巧，就能给考官留下不错的印象，成功地拿到心仪的offer。那么，为了提高电话面试成功的概率，面试者应该注意什么呢？电话面试注意事项如图6–3所示。

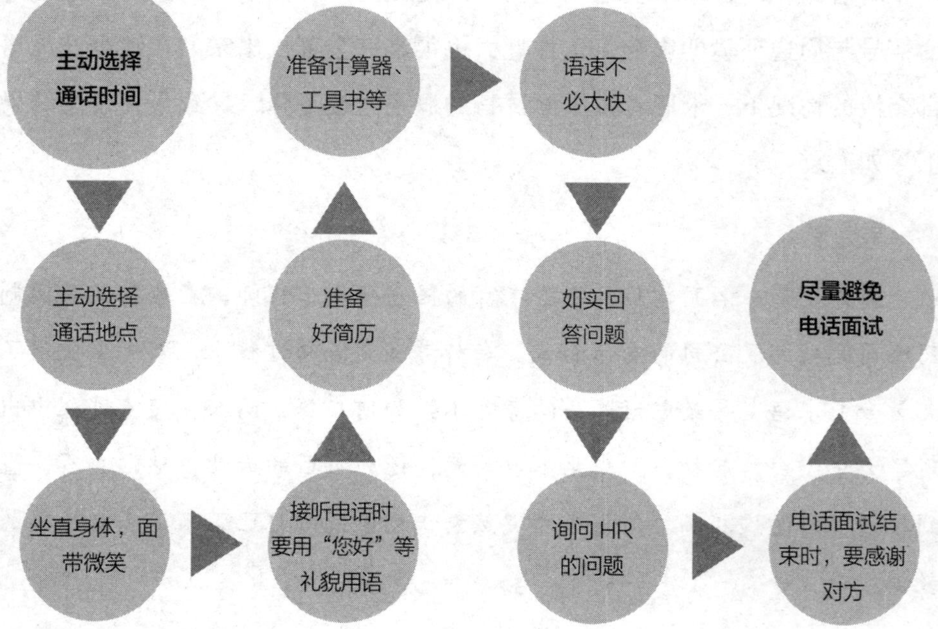

图6–3　电话面试注意事项

（1）主动选择通话时间。如果接到电话面试时你正在逛街、吃饭、睡懒觉，毫无准备，可以主动要求另约时间联系。例如，你可以说：“对不起，我现在不太方便，能否半个小时以后给您回电话？”一般情况下，HR 会答应这种请求。此时，你要询问 HR 的电话，到约定时间主动回电话。

（2）主动选择通话地点。在接到电话面试之后，你要选择一个安静的地方坐下来，准备好纸笔。安静的环境可以保证双方的沟通不受打扰，不会出现漏听、误听等情况。准备好纸笔将面试官的问题记下来，保证自己的回答条理分明，不会跑题。

（3）坐直身体，面带微笑。在电话通话的过程中，通话人说话时的状态很容易通过声音、语气、语调被对方感知。所以，在电话面试的过程中，求职者必须与面对面面试一样，坐直身体，面带微笑，认真回答 HR 提出的每一个问题。

（4）接听电话时要用“您好”等礼貌用语。作为求职者，接听电话时必须礼貌，“您好”“谢谢”等礼貌用语要常挂嘴边，一方面可以给 HR 留下一个好印象，另一方面也可以体现自己的职业素养。

（5）准备好简历。在电话面试的过程中，求职者只能通过声音获得 HR 的认可。为了给 HR 留下好印象，求职者回答问题时需要保持冷静，将事先准备好的简历放在手边，有逻辑、有条理地做自我介绍，回答 HR 的问题。

（6）准备计算器、工具书等。如果 HR 提问一些技术性的问题，工具书有助于你快速找到答案，做出专业的回答。另外，一杯温水不仅可以润喉，让声音保持清亮，还可以缓解紧张情绪。

（7）语速不必太快。无论 HR 的语速如何，求职者回答问题时的语速都不用太快，最重要的是口齿清晰，语调轻松自然。如果接到电话面试后非常紧张，可以深呼吸让自己放松、冷静，沉着、自信地应对 HR 提出的每一个问题。

（8）如实回答问题。对于 HR 提出的所有问题，求职者都要如实回答，如果对自己的回答不满意，可以重复总结一次，总结时可以使用 1、2、3 之类的序号，保证要点鲜明、逻辑清晰。

（9）询问 HR 的问题。HR 在将自己准备的问题问完之后，往往会反问求职者“有什么需要了解的？”如果求职者回答“没有什么想要了解的”，会让 HR 觉得你不重视这个职位；如果求职者的问题太多，又会让 HR 觉得你是一个非常麻烦的人。面对这种情况，求职者可以询问接下来的招聘流程、面试时间、上岗时间等，最好不要问薪酬，因为双方的合作意向还未进入实质性阶段，询问薪酬会显得过于功利。

（10）电话面试结束时，要感谢对方。电话面试结束，求职者要感谢对方来电，并表达出进一步合作的意愿，例如“感谢您的来电，希望有机会与您面谈”。

（11）尽量避免电话面试。因为在所有的面试方式中，电话面试是难度最大、成功率最低的一种，所以求职者要尽量避免电话面试。例如“非常抱歉，我这里信号不好，为了不影响面试效果，我能否去贵公司进行现场面试？”如果距离太远，也可以申请视频面试。相对于电话面试来说，视频面试、现场面试的效果都要好很多。

沟通陷阱，如何避免无效沟通

在面试过程中往往会出现一些重复沟通、多余沟通、无意义沟通、与面试主题毫无关系的沟通等，这些沟通均被称为无效沟通。无效沟通不仅会影响面试官对求职者的印象，还有可能增加面试的失败率。那么在面试过程中，哪些情况是无效沟通？求职者应如何避免无效沟通？遇到无效沟通应如何应对呢？

◆ 情形 1：面试主要决策人不在，是否有必要继续面试？

小张去一家公司面试，按约定时间到达公司后被告知主面试官不在，只能由其他非主要决策者进行面试。如果你是小张，遇到这种情况应该如何应对呢？

方法一：如果不想参加复试，可以接受非主要决策者的面试。在与非主要决策者交流的过程中，所涉及的内容不要过度专业化，因为对方可能对专业知识不太了解。求职者可以向非主要决策者询问公司待遇、职业发展、公司业务、公司规模等方面的问题，尽量对公司产生全方位的了解，从而决定是否继续复试。通过这种方式，求职者可以很好地避免无效沟通，而且可以自己掌控面试节奏。

方法二：如果求职者非常看重这个工作，可以请 HR 约主要决策者另寻时间进行面试，避免无效沟通，节省沟通成本。

◆ 情形 2：面试官轮流面试，自我介绍重复说好几次，怎么办？

求职者去大型企业面试可能会遇到这种问题：HR 面试结束后会让部门总监进行复试，其目的在于进一步了解求职者，判断求职者是否是自己需要的人才。这样一来，求职者就不得不将刚讲完的自我介绍再讲一次。第一次自我介绍可能感情充沛，饱含激情，第二次效果可能会大打折扣。

面对这种情况，求职者应如何应对呢？其实，面对不同职位的面试官，求职者要有区别地做自我介绍，用这种方式减少无效沟通。自我介绍要脉络清晰，抓住主线，主动阐述，而不是面试官问什么答什么。

为了避免重复做自我介绍，面对初试的面试官，求职者可以先确认其工作职位，例如“请问您在贵公司的工作岗位是什么？”如果对方是 HR，在与其沟通时不必过多介绍自己的专业，只要让对方感知到自己能力出众，非常适合他们招聘的岗位即可，以保持体力与精力应对下一轮复试。如果对方是部门总监或总经理，求职者就要全面展现自己的专业能力，让面试官发现自己的价值。同时，在交流的过程中，求职者要了解公司的实力与部门的实力，了解公司的薪酬待遇、实习期、转正期等一系列问题。

对于企业来说，求职者的能力、品德是企业最关心的问题；对于求职者来说，薪资待遇、职业发展是他们最关心的问题。整个面试过程不脱离这些问题，才能真正减少无效沟通、避免无效沟通。

面试礼仪，抓住 55% 的应聘机会

在面试过程中，礼仪的重要性无须多言。通过观察求职者的言谈举止、穿着打扮、简历准备等，面试官可以初步了解他的内在素质。所以，很多人将面试礼仪视为面试制胜的法宝。当然，面试礼仪不只是言谈举止、穿着打扮，还包括很多细节，如简历的编写、接听面试电话的表现、面试与复试时的表现等。总而言之，在求职者将简历递给面试官的那一刻起，整个面试过程就都已经处在礼仪标准之下了，会时刻被面试官拿来进行评判，任何一个环节出现问题都会对最终的面试结果造成不良影响。那么，在面试的过程中，求职者应注意哪些礼仪问题呢？求职者面试时的礼仪要求如图 6–4 所示。

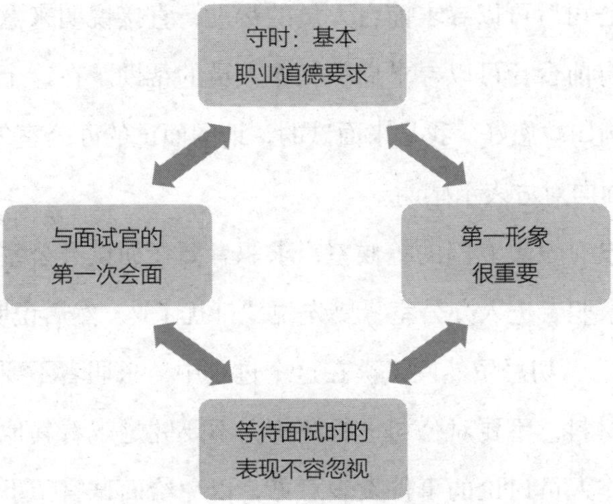

图 6-4 求职者面试时的礼仪要求

◆ 守时：基本职业道德要求

对于职场人来说，守时是最基本的职业道德要求，求职者最好提前10～15分钟到达面试地点，熟悉周围环境，放松心情，保持镇定。如果提前到达时间太长会被视为没有时间观念，但面试迟到或者匆忙赶到又是大忌。一旦面试迟到，无论有什么理由，都会给面试官留下缺乏自我管理与约束能力、缺乏职业能力的不良印象。而且，大型企业组织面试往往一次会安排很多人，求职者一旦迟到，就会与这家公司失之交臂。所以，无论出于对工作的渴求，还是出于对面试官的尊重，求职者在面试时都不能迟到。

◆ 第一形象很重要

进入公司之前，求职者要将香烟、口香糖等物品收起来，如果面试时吸烟或者嚼口香糖，一定会引起面试官的反感。进入办公区之后，最好径直走到指定办公室前，不要东张西望；将手机关机或者调成静音，以免面试时因手机噪音将自己置于尴尬境地，影响自己的面试成绩。如果不知道具体的面试地点，进入公司后可以寻求前台人员的帮助，直接说明来意，在指定区域落座。如果没有前台，可以寻求周围工作人员的帮助。在这个过程中，用语一定要文明，例如“您好，我是来面试的，请问面试的办公室怎么走？”在得到帮助后，必须向对方表示感谢。

如果公司没有设置专门的等候室，求职者要在面试办公室门外等候。办公室门开后，求职者进入办公室，要先说“打扰了”，然后说明自己的来意，“我是来面试的”，切忌贸然闯入。在这个过程中，求职者不要向面试官索要与公司有关的材料，不要对公司进行评价，不要驻足观看其他工作人员的工作，不要对工作人员讨论的事件发表意见，以免给面试官留下狂妄自大、过度张扬的不良印象。

◆ 等待面试时的表现不容忽视

在等待面试的过程中，求职者必须保持安静，在等候区端坐。如果有工作人员递上公司的介绍材料，求职者应表示感谢，然后仔细阅读。如果没有，求职者可以回想一下自带的试题，在心里对自己做一次自我介绍，切忌来回走动，也不要与其他的等候者聊天。即便在等待的过程中遇到熟人，也不要大声交谈、嬉笑打闹。独自等待时不要吃口香糖、吸烟、接打电话。在很多企业，面试者等待面试时的表现也是一项考核内容，会被面试官计入总分，求职者必须注意这一点。

◆ 与面试官的第一次会面

（1）把握进屋时机。

前面一个人面试结束走出办公室之后，求职者要耐心等待面试通知，不要擅自进入面试房间。自己的名字被喊到之后要立即起立回应，然后敲门进入面试房间。敲门时最好敲 2 ～ 3 下，力度适中，听到里面说“请进”之后再进入。进入房间要先说“打扰了”，然后轻轻关上房间门，走到面试官前，面对面试官上半身前倾 30° 鞠躬行礼，面带微笑说“您好，我是 ×××”。整个过程要彬彬有礼、大方得体，不要过于拘谨，也不要过分殷勤。

（2）专业化的握手。

握手是一种身体语言，专业的握手会营造出平等、相互信任的氛围，也能给面试官留下不错的第一印象。那么，在面试时，求职者怎样与面试官握手才显得专业呢？

进入面试房间，面对面试官主动伸出来的手掌，求职者手臂呈 L 形（90°）有力地握住，摇两下，然后将手自然放下。握手时手掌必须坚实有力，富有感染力。在握手的过程中，求职者双眼要直视面试官，自信地说出自己的名字。如果求职者是女性，握手时不要太过用力，也无须用力摇晃，只要表示出自己的坚定态度即可。

为了通过握手向面试官传递出自信的感觉，求职者必须保证自己的手温暖、干燥。如果因为紧张导致双手冰凉，可以用热水冲一下；如果双手湿热，可以用凉水冲一下。一边调整自己的手掌状态，一边缓解自己的不良情绪。

（3）无声胜有声的形体语言。

加州大学洛杉矶分校有一项研究表明，一个人给另一个人留下的印象，7% 取决于用词，38% 取决于音质，55% 取决于非语言交流。什么是非语言交流呢？

非语言交流指的就是除讲话之外的一切交流手段，包括手势、目光、身体姿态、面部表情、服装搭配等。求职者在与面试官交谈的过程中，这些无声语言往往发挥着非常重要的作用，是求职者职业形象的全面展现。有时，求职者的一个眼神、一个手势都会给最终的面试结果造成影响。所以，在面试过程中，求职者要展现一个良好的形态，提高自己面试成功的概率，求职者面试时的形态要求如图 6–5 所示。

图 6-5　求职者面试时的形态要求

第一，如钟坐姿显精神。进入面试房间之后，求职者要听面试官的指令行事，在听到面试官说“请坐”之后才能坐下，坐下时应向面试官道谢。坐下之后要调整自己的坐姿，“站如松，坐如钟”，坐满椅子的 2/3，上身挺直，让自己看起来精神抖擞。为了显得自然松弛，身体可以略微前倾，腰背自然伸展，并拢双膝，将手自然地放到膝盖上。

面试时，有两种坐姿不可取：一是身体紧贴椅背，这样会显得过于放松；二是只坐椅边，这样会显得过于紧张。另外，求职者坐下之后不能跷二郎腿，不能抖动双腿，双臂不要交叉抱在胸前，更不要将手臂放在邻座的椅背上，以免给面试官留下轻浮傲慢、有失庄重的不良印象。

第二，眼睛是心灵的窗户。眼睛是心灵的窗户，可以传递出内心的想法，所以，在面试过程中，求职者要特别注意自己的眼神，要全神贯注，将目光投注到面试官身上，让面试官感受到自己的自信以及自己对他的尊重。在与面试官交谈的过程中，求职者要注意与面试官进行眼神交流，获取一些信息，与面试官达成某种默契。

面试时，求职者正确的眼神表达应该是礼貌地正视面试官，将目光投注在面试官的鼻眼三角区，也就是所谓的社交区，目光平和而有神，专注而不呆板。如果现场有多位面试官，求职者说话时要用目光扫视其他人，以示尊重；回答问题前，可以先将视线投放到面试官背对的墙上思考 2 ～ 3 秒钟，正式作答时再将视线收回来。

第三，微笑的表情有亲和力。微笑是一种最具感染力的形体语言。求职者在面试时面带微笑不仅可以缓解自己的紧张情绪，还能增进与面试官的交流与沟通，美化自己的外部形象，瞬间拉近与面试官的关系。相较于那些目不斜视、面无表情的求职者来说，面带微笑的求职者通过面试的概率更高。在听面试官说话时，求职者可以面带微笑点头表示自己正在认真听，而且听明白了，回答时也要面带微笑。当然，微笑要自然，不可太过僵硬，否则会让面试官感觉矫揉造作，拉低对你的评分。

第四，适度恰当的手势。说话时，求职者可以做一些手势辅助表达，手势要力求自然，不可过多，否则会分散面试官的注意力。面试时，求职者在手势运用方面往往会走向两个极端，一是过于拘谨，手无处安放；二是过于兴奋，说话时双手胡乱舞动。这些做法都不可取，最好的方式是手配合语言，小动作不要过多。如果不知道如何利用手势，可以向西方人学习，积累一些手势运用技巧，辅助表达。

第7章 工作汇报

不懂向上汇报，还敢拼职场

工作汇报，展示自我的有效途径

在职场中，很多企业都要求员工向上级领导汇报工作，有的是工作需要，有的是规章制度要求。无论出于什么原因，员工向领导汇报工作都是非常有必要的。为什么这么说呢？我们先来看一个案例：

小李和小张同时进入一家公司实习，小李非常爱表现，无论做了什么工作，解决了什么问题都会向领导汇报。有一次，公司承接了一个新项目，这个项目恰好是小张的专长。在小张暗自窃喜、等待领导分配工作之时，小李用一个晚上的时间将自己曾经参与过的项目、解决过的问题进行了汇总，形成一个书面报告向领导做了汇报，要求参与新项目。就这样，领导带着小李奔赴项目现场，小张只能在办公室愤愤不平。

在实际工作中，可能很多人都有过小张这样的经历，认为自己的能力没有得到认可，暗自委屈。但从领导的角度来看，他们要将有限的时间投入到烦琐的工作中，根本无暇发现、挖掘每一位员工的特长。虽然“识人”“用人”是领导的职责，但更多时候还需要员工将自己的能力展现出来，让领导看到。而向领导汇报工作就是展示个人能力、增进与领导沟通的最佳途径。

在很多领导心目中，“谁经常向我汇报工作，谁就在努力工作”。虽然听起来不合理，但这就是真实的职场现象。因为员工只需要为一个领导负责，而领导要面对无数员工。在这种情况下，领导与员工的注意力非常不对等，如果员工不主动汇报工作，借此提醒领导自己做了什么事情，很有可能给领导留下“你没有努力工作”的不良印象。

也就是说，在职场中，员工的任务不仅是用自己的能力为企业创造价值，还要让自己的能力、自己为企业创造的价值展现在领导面前，让领导看见。否则，领导凭什么记住你，给你升职加薪呢？

◆ 汇报工作可以获取公司及领导的帮助

在职场中，对于员工来说，领导就是最大的资源。

如果一项工作需要跨部门协作，而你与其他部门的员工又没有太多交集，无法获得协助。遇到这种情况，你会怎么办？

最简单有效的方法就是向领导汇报，寻求领导帮助。有时，领导的一句话可能就会帮你解决最大的难题。例如，在开展一项工作时，你需要财务部提供协助，但财务部以“我们经理没交代”为由拒绝了你。此时，如果领导提前跟财务部的经理做好沟通，获得对方的支持，整个过程就会变得非常顺利。

凡是领导，必定有过人之处。无论工作经验，还是人际关系，都比普通员工丰富很多。而且，面对一个具体的项目，领导所了解的信息也更多，这些信息会对工作的完成情况产生直接影响。如果员工在工作过程中不问、不汇报，可能陷入“做得越多，错得越多”的恶性循环。而且，在工作过程中，有些事情需要领导做决策。面对这些情况，员工必须向领导汇报，请求领导帮助。

◆ 哪些事情需要汇报，哪些事情不需要汇报

虽然向领导汇报工作非常重要，但不是所有工作都要向领导汇报。如果不分轻重缓急地事事汇报，极有可能给领导留下“没主见、不机灵”的印象，让领导生厌。

那么，在职场中，哪些事情需要汇报，哪些事情不需要汇报呢？需要及时汇报的四大事项如图 7–1 所示。

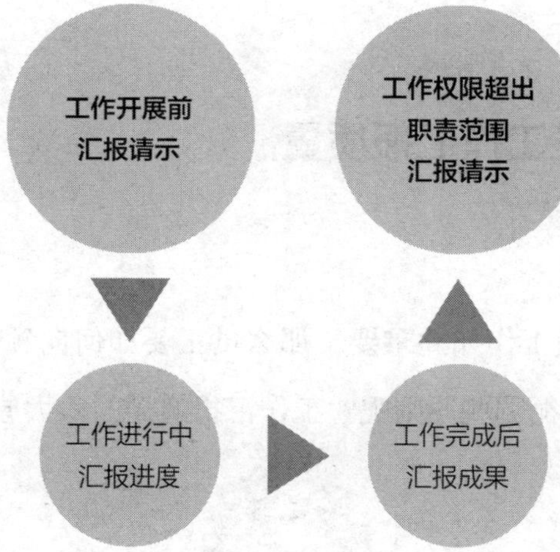

图 7–1　需要及时汇报的四大事项

第一，工作计划开展之前，员工要向领导汇报请示，计划是否可行？预计收益能否达到领导要求？领导同意之后，工作计划才能正常推进。

第二，在工作进行过程中，员工要向领导汇报工作进度，尤其是在取得重大进展或者顺利度过关键环节之时。通过这种汇报，领导知道一切进展顺利，会对员工的能力产生进一步的认可。

第三，工作完成需要汇报。工作完成后，员工可以向领导做总结汇报，

讲述自己在整个过程中解决了哪些问题，克服了哪些困难，让领导进一步了解自己的能力。

第四，工作权限超出自己的职责范围需要汇报，请领导决策。例如，工作计划的开展需要采购一些物品，员工要将物品清单及所需费用报呈领导，请领导审批。

总而言之，向领导汇报工作不是闲聊，而是要抓住重点，做有价值的交流，否则就是浪费时间。另外，对于员工来说，向领导汇报工作，还要具备归纳总结能力，抓住问题的本质，使自己的工作能力得以持续提升。

六项原则，保证工作汇报质量

既然向领导汇报工作如此重要，那么员工要如何向领导汇报工作？在向领导汇报工作时要遵循哪些原则呢？工作汇报遵循的六大原则如图 7–2 所示。

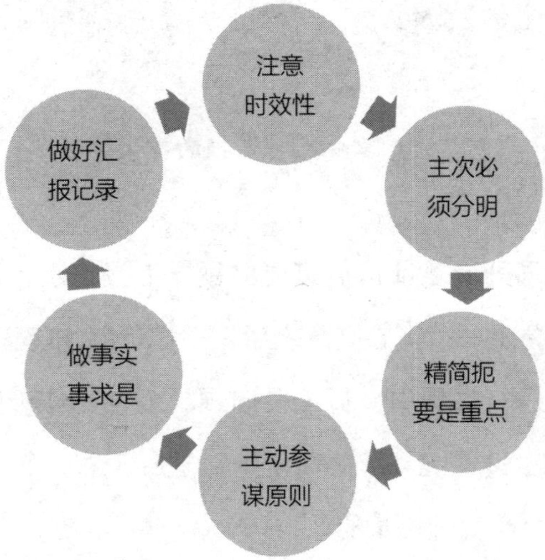

图 7–2　工作汇报需遵循的六大原则

（1）注意时效性。向领导汇报工作要注意时效性，因为在工作场景中，效率就是生命。尤其是在遇到突发事件、紧急情况时，必须第一时间向领导汇报。如果来不及当面汇报，可以采取打电话、发信息等方式，让领导及时了解情况，作出指示。

（2）主次必须分明。员工向领导汇报工作必须主次分明，有重点、有针对性。因为领导的日常工作非常繁杂，听取员工汇报的时间有限，如果汇报内容杂乱无章，会引起领导的强烈不满。所以，在汇报工作之前，员工必须按照轻重缓解对各项事务进行分类，将重要的、紧急的事项放在前面，请领导尽快定夺，将一般重要、不太紧急的事项放在后面，让领导抽空决策。

（3）精简扼要是重点。“文贵精，言贵简。”员工向领导汇报工作要开门见山、直奔主题、言简意赅、突出重点，坚持精简扼要的原则，对汇报内容进行归纳总结。如果要汇报的内容比较多，可以列好提纲、写好摘要、打好腹稿，汇报时语句精简，将信息要点准确地表达出来，让领导快速了解情况，做出决策。

（4）主动参谋原则。员工在向领导汇报工作时不能将自己定位为信息的传递者，而是要做好“参谋官”，帮助领导做出更科学的决策。领导在听取员工汇报时会询问员工的意见与看法，例如“你认为后续的工作应该怎样开展？”“你认为这个问题应该怎么解决？”等。为了能够做出令领导满意的答复，员工要提前思考，制订解决方案，结合汇报过程中领导的意见对解决方案进行修正，在领导问询时做到游刃有余，给领导留下一个好印象。

（5）做事实事求是。员工在向领导汇报工作时必须遵循实事求是的原则。员工向领导汇报工作的目的在于向领导提供真实的信息、数据，为领导做决策提供参考，所以，汇报的内容必须真实、准确，只有这样，才能保证领导做出的决策契合实际。为保证汇报内容的真实性，员工要做到信息来源真实、可靠，信息分析有凭有据，不能凭空臆想，以免领导做出错误的判断。

（6）做好汇报记录。俗话说“好记性不如烂笔头”，汇报工作也是如此。在汇报工作的过程中，领导可能随时作出批示，或对内容进行补充修正，或提出关键思路、重要举措，员工要将这些内容实时记录下来，融入具体的方案，为以后的工作开展提供有效指导。只有这样，工作汇报才能达到应有的目的。

总而言之，向领导汇报工作不是一件易事，除了要遵循上述原则，员工还要做好准备，把握时机，保证沟通效率与效果。

三大准则，帮你战胜汇报恐惧

领导交代小张一项工作，三天过去，工作迟迟没有进展，小张也没有向领导汇报。于是，一天早上，领导前来问询，小张向领导反映工作遇到了困难，领导质问：“遇到问题怎么不早汇报？一个这么简单的工作拖了这么久？如果早点告诉我，这个问题不早就解决了吗？”

如果你是小张，会不会觉得非常委屈。因为自己并没有因为遇到困难就放下工作不管不顾，而是在想办法解决问题。

其实，如果小张能实时汇报，及时向领导反映，并告诉领导自己想了哪些办法解决，请领导提供指导，这种情况可能就不会发生。

曾有机构围绕“在职场中最害怕的事情”做过一项调查，调查结果显示，在职场中，64% 的职场人都害怕跟领导汇报工作。但跟领导汇报工作必不可少，那么在汇报工作时，职场人应该注意哪些问题？可以采用什么方式呢？工作汇报的三大准则如图 7-3 所示。

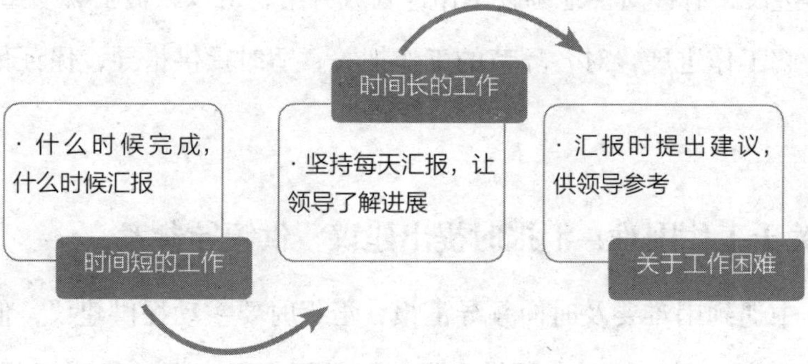

图 7-3 工作汇报的三大准则

◆ 时间短的工作：什么时候完成，什么时候汇报

领导交代的工作，有的短时间内就能完成，这些工作完成后要及时汇报。

例如，领导交代你做一个报表，告诉你第二天要用，你加班到深夜才完成。做完之后，如果你只是将报表发到领导邮箱，领导收到报表后可能不会有太多想法。但如果你在发送报表时向领导做个简单的汇报，通过短信或者邮件告诉领导已经将报表发到了邮箱，领导可能会对你认真负责、不辞辛劳的工作态度予以肯定。

当然，这绝不是鼓励员工拖延工作进度，深夜加班。如果能提前完成任务，当然要提前汇报，让领导知道工作进程与工作状态。如果工作完成得出色，可能会受到领导的表扬；如果工作完成得不好，还有时间修改完善。如果拖延到下班再汇报，一旦发现问题就只能加班修改或者第二天修改，影响其他工作的正常进度，得不偿失。

◆ 时间长的工作：坚持每天汇报，让领导了解进展

如果领导安排的工作需要很长时间才能完成，比如三四天、七八天、一个月等，千万不能等工作全部完成后再汇报。对于这类工作，领导亟须实时

了解工作进展，有针对性地调整工作计划或方案，所以，员工必须每天汇报，让领导了解工作进展，对各环节的工作把关，适时提供指导，保证最终的完成效果。

◆ 关于工作困难：汇报时提出建议，供领导参考

工作中遇到困难要及时向领导汇报，汇报时要主动提供建议，但不要将问题与解决方案混在一起向领导汇报，而是要有理有据地找到问题的关键，得出结论，形成建议，让领导选择，为领导决策提供辅助。

成功的汇报有规律可循，有模式可以仿照，但糟糕的汇报却是千奇百怪。某机构收集了 500 强企业高管对“糟糕汇报”的阐述，总结出三种错误的汇报方式，如图 7–4 所示。

图 7–4　工作汇报的三种错误方式

第一种：不讲重点。

在汇报工作的过程中，这种情况非常常见。有些员工为了让领导全面了解自己的工作进展，对自己在工作中遇到的问题产生全面认知，汇报时事无巨细，甚至写出了几千字的汇报稿。结果，汇报结束，领导不知所云，根本不清楚对方究竟遇到了什么问题。这种汇报不仅没有达到汇报的目的，而且非常浪费时间。

第二种：忽略了领导的倾听意愿。

员工在向领导汇报工作之前，腹稿或者汇报稿的所有表述都有一定的逻辑。但在真正面对领导做汇报时，因为领导的思维非常跳跃，他们只想听自己最关心的事情，所以经常打断汇报，让你直接进入他们感兴趣的部分。有些员工比较执着，会按照自己的逻辑原原本本地做完汇报，却忽略了领导的意愿。而汇报最重要的就是讲领导最关心、最感兴趣的内容，不是让领导坐在对面听一场演讲。

第三种：只有问题，没有解决方案。

在执行工作的过程中遇到问题，将问题告知领导、等待领导提出解决方案非常容易，但这种方式会让领导否认你的工作能力，认为你只是一个擅长执行，不擅长思考、创造的人，对你未来的职业发展非常不利。

员工要想做一个成功的汇报，必须注意避免上述问题，必须明白一点：对于领导来说，他们最关心的不是细节，而是结果，比如：

“项目进行到了哪个阶段？”

“什么时候可以完成？”

“为什么没有按照原定计划完成？”

“在项目执行的过程中是否遇到了什么问题，是否需要我提供帮助？”

“项目完成后会产生什么结果？”

“为什么没有及时汇报？”

“和其他部门的对接是否顺利？”

“下一步的工作计划是什么？”

“下一个工作目标是什么？”

……

总而言之，员工要围绕领导最关心的话题汇报工作，思考领导想听什么，而不是自己想要表达什么，想要让领导知道什么。

◆ 用微信汇报当日的工作

过去，很多公司规定员工使用钉钉写工作日报或者周报，抄送所有部门。这种方式不仅烦琐，而且存在很多问题。随着微信的普及应用，公司可以调整汇报策略，让员工通过微信汇报当天的工作。用微信汇报工作有三大优点，如图 7–5 所示。

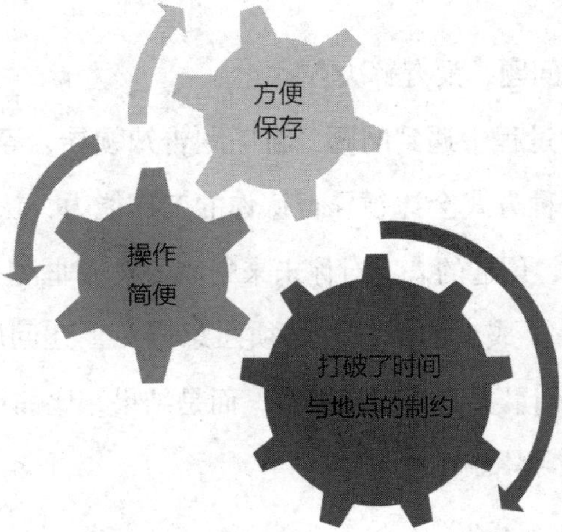

图 7–5　微信汇报工作的三大优点

第一，微信汇报打破了时间与地点的制约。传统的会议汇报或者面对面汇报要求领导与员工必须在实体空间内，一个讲，一个听，深受时间与地点的限制。而利用微信汇报工作，无论员工与领导相隔多远，都可以随时进行，不仅节省了时间，而且可以随时处理一些非常紧急的事件与情况。

第二，微信汇报操作简便。有些公司要求员工在一天的工作结束后写工作总结，而且要生成 Word 文档，导致很多员工都非常抵触工作汇报。而利用微信汇报工作，员工不需要创建 Word 文件，用手机就能编辑，在一定程度上消除了员工的抵触情绪。

第三，微信汇报方便保存。部门经理可以将员工的日工作总结保存在手机里，还可以将一些重要内容转发给上级领导，甚至还可以直接与员工沟通，这些沟通记录可以作为考核依据，为员工的升职加薪提供参考。

员工利用微信做日工作汇报是一个查漏补缺的过程，但很多人存在眼高手低的情况，经常忽略一些细节。所以，员工在利用微信汇报工作时必须注意以下两点：

- 用微信向领导汇报工作，切忌使用语音。微信汇报最好使用图文，方便领导第一时间获取重要信息。使用语音汇报工作，如果领导在开会或者正在出席一些社交场合，不方便接听，就会导致这些信息被忽略。
- 如果汇报内容蕴含的信息量比较大，最好分阶段汇报。如果需要汇报的事项比较多，员工可以先通过微信向领导说明情况，然后将具体内容以邮件的形式发送到领导邮箱，发送成功后给领导发消息提醒领导注意查收。

员工必须明白一点，向领导汇报工作的目的不是为了和领导搞好关系，而是为了获得领导的肯定与理解，获取完成工作所需的资源、信息、建议与指导，保证工作完成效果。

勿踩雷区，越级汇报是大忌

小 A 发现自己最近工作非常不顺利，不仅自己负责的项目没有进展，而且经常被领导批评，每天都非常焦躁。为了排解自己的这种情绪，小 A 在一次与好友的聚会中大吐苦水，朋友一针见血地指出了问题的关键："你事事跳过自己的直属领导向上级领导汇报工作，怎么可能不被穿小鞋？”听到朋友这席话，小A突然意识到自己犯了职场大忌。因为她是大领导培养起来的，所以事事越过直属领导向大领导汇报，不仅很少与直属领导交流，而且有些看不起直属领导。

在日常工作中，越级汇报的情况非常普遍，有时不过是与上司的上司说几句话，可能就会演变为一场越级汇报。那么，在职场中，为什么有些人喜欢越级汇报呢？

第一，与直属领导不合。在上面的案例中，小A就是因为不喜欢直属领导，所以才会越级上报。在职场中，员工与直属领导不合的原因有很多，如性格差异、观念差异、解决问题方式的差异等，都会形成矛盾。随着这种矛盾不断激化，员工会尽量避免与直属领导直接接触，遇到问题就会越级汇报。

第二，想要“出风头”。

小C的销售能力非常强，每个月都是销售冠军，因为给公司带来很多效益，所以身价水涨船高，话语权也越来越重。在众人的吹捧下，小C开始飘飘然，接到一些大单会越过直属领导向上级领导汇报，请上级领导签字。

在职场中，小C这样的员工并不罕见，因为能力强，急于表现自己，所以选择越级上报。

这是两种反面的越级上报的案例，在某些情况下，员工可以合乎规定地越级汇报，越级汇报的两种情况如图7–6所示。

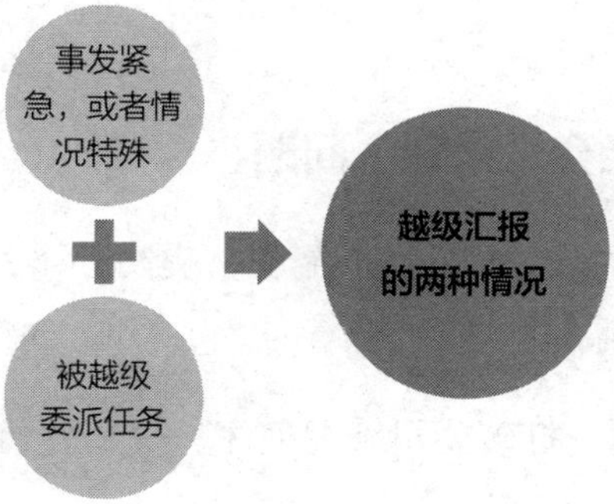

图 7-6　越级汇报的两种情况

第一，事发紧急，或者情况特殊。

小美被领导委派前去与客户签合同，在协商过程中，客户要求修改合同报价。小美没有权限，于是打电话向直属领导汇报，恰巧，直属领导休假在外，无法取得联系，小美只好越级联系分公司的负责人，将事情如实汇报，并在分公司负责人的指导下妥善解决了这一问题，顺利签订了合同。小美的直属领导休假结束回到公司，对小美的这一做法提出了表扬，并且告诉小美，以后涉及改动合同金额的事情都可以越级汇报。

在遇到紧急问题，联系不到直属领导的情况下越级汇报，推动事情顺利开展，是非常明智的越级上报，并不会引起直属领导的不满。

第二，被越级委派任务。

还有一种合乎规定的越级汇报就是借调。例如集团总经理到某地的分公司视察工作，将财务部的小新借调到总裁办公室，直接对接总经理的各项事宜。借调之后，除财务部的日常工作照常向直属领导汇报之外，与总经理有关的一切事宜都要直接向总经理汇报。

除借调外，有时，总经理会直接委派某部门某位员工一些工作，秉持灵活、直接对接的原则，该员工要直接向总经理汇报工作，这种越级汇报称为

“被动的越级汇报”。

◆ 越级汇报可能会带来什么问题？

合规的越级汇报可能会缩短办事流程，提高办事效率，但不合规的越级汇报会带来很多不良影响。

（1）触犯职场规则，打破公司管理秩序。每个公司都有自己的规章制度，各个岗位的设置也都有一定的原因，所有员工都必须按章程办事。如果一个公司频频出现越级汇报现象，整个公司的架构就会不稳定，久而久之，就会对公司的稳定发展造成不良影响。

（2）职场尊重感降低。人与人之间的尊重是相互的，下属不尊重领导，自然也得不到领导的认可与重用。从这个角度来看，对于员工来说，越级上报是极不明智的选择，会给自己的职业发展造成不良影响。从领导的角度看，领导都希望自己的团队团结一致，如果某个员工的声音对其他员工的情绪造成不良影响，甚至对工作的正常开展造成不良影响，势必会被边缘化。

◆ 怎么做才是最明智的选择？

作为一名成熟的职场人，面对越级汇报，应有针对性地采取以下三大应对策略（见图 7–7）：

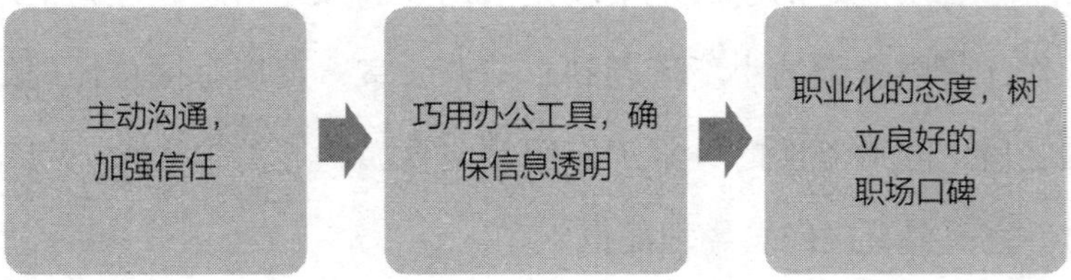

图 7–7　应对越级汇报的三大策略

（1）主动沟通，加强信任。如果员工所处的岗位跨部门沟通比较多，有时甚至需要越好几个级别汇报。在越级汇报的同时也要和直属领导做好沟通，在非必要情况下不要越级汇报，即便越级汇报，也要将相关情况告知直属领导，只有这样，才能增强彼此之间的信任，减少与直属领导的矛盾与冲突。沟通可以消除彼此之间的信息不对称，即便出现小冲突、小矛盾，及时沟通也能化解，不会任其发展恶化。

（2）巧用办公工具，确保信息透明。如果员工因为某方面的工作能力出色被借调，被总经理委派某项任务，在执行这项任务的过程中，员工不要忘记自己的本职工作，在回复总经理的邮件时可以利用邮件的抄送功能向自己的直属领导汇报，让直属领导知道自己在做什么工作，方便直属领导为自己安排工作。

除邮件的抄送功能外，员工还可以使用便利贴。如果遇到突发情况突然被借调，而直属领导恰好不在，可以在自己的工位留下便签，告诉直属领导发生了什么情况，切忌在直属领导毫不知情的情况下不知所踪。

（3）职业化的态度，树立良好的职场口碑。如果发现周边的同事都不喜欢部门的直属领导，纷纷越级汇报。作为一名理智的、职业化的员工，要严格遵守公司的规章制度对直属领导负责，不断学习、积累，提升自己的工作能力，凭借自身过硬的技能谋求更好的发展。

总而言之，除上面所讲的两种特殊情况之外，其他一切越级汇报都是违反公司规定的行为，不仅会被直属领导厌恶，还有可能被同部门的同事排挤，给自己的职业发展造成不良影响。所以，在非必要的情况下，作为一名成熟的职场人，切忌越级汇报。

故事创新，将工作汇报“讲出来”

领导每天要接收大量信息，对于程式化的汇报早已失去兴趣。对于员工来说，向领导汇报是一项重大任务；对于领导来说，听取汇报也是一项无法推脱的责任。那么有没有一种方法改变这种局面，让汇报与听取汇报变得有趣、有味呢？

讲故事或许是一种不错的方法。每个人都喜欢听故事，如果用故事的外壳对日常工作、项目进展、方案陈述、业绩回顾等内容进行包装，是不是可以让汇报更具吸引力呢？

在回答这个问题之前，我们先来讨论一个问题，就是向领导汇报最常用的三种方式，你最喜欢哪一种？这三种方式分别是：

只讲结论，不讲过程。

只讲事实，不讲情感。

只讲道理，不讲故事。

对于高情商的员工来说，他们可能无法给出明确的答案，因为他们的汇报没有固定的模式，而是会根据现场情况，结合领导的思维模式与决策模式对自己的汇报方式进行调整，为领导决策提供参考。

◆ 高情商员工的汇报——看情况、讲时机

高情商的员工往往非常清楚在什么时机给领导讲什么故事，更明白要怎么讲故事才能引起领导的兴趣。下面我们看两个真实的案例：

案例1

临近毕业季，小黎带队前往某高校招聘。招聘结束回到公司，正式上班的第一天，领导大步走进办公室并询问道："怎么样？"

小黎心想，领导肯定是询问校园招聘情况。于是，赶紧放下手头的工作，说道："哎呀，您不知道，高校扩招之后，毕业生一下子多了很多，那场面别提多壮观了……"小黎的话还没说完，就被领导打断，只见领导挥挥手问道："先别跟我说这个，先说说签了多少？"

小黎事先准备的故事没有了用武之地，只能循规蹈矩地汇报道："现场签约××人，还有××人一周内签订寄回，估计90%可以签约。"

对于这个结果，领导表示非常满意，笑着说道："大家的辛苦没有白费，这个结果值得庆贺！"说完，就转身走向自己的办公室。

面对这一情况，小黎有些不明所以。不是说"故作高深的人讲道理，真正高深的人讲故事"吗？可领导一点听故事的想法都没有，她费尽心思准备的故事毫无用武之地。

案例2

老李所在的公司决定推行新的招聘模式，集团总部下发了标准版的沟通材料。和之前所有的材料一样，这份沟通材料对外部环境、内部需求的分析非常宏观，对采用新的招聘模式所带来的影响的分析也非常深远。但集团十几个分公司分布在世界各地，各个公司的情况不一，采用统一的材料向他们宣讲新的招聘模式，并且要获得他们的支持，难度可想而知。

过去，面对这种情况，老李的做法都是照本宣科，前往一个分公司并向该公司的领导团队介绍沟通材料中的内容，结果非常不理想。其实，老李也知道问题所在，因为总部的沟通材料视角宏观，内容笼统，涵盖面极广。对于各个地区的分公司来说，招聘方案的可行性，能够产生的实际效益才是最重要的。

在接受了这次任务之后，借鉴之前失败的沟通案例，老李决定改变沟通方式，不再照本宣科，而是采用讲故事的方式，结合在座领导的真实经历，向各个分公司的领导团队讲述原有的招聘模式存在的问题。从原有的招聘模式的痛点入手，引起在座领导的共鸣，然后介绍新的招聘模式会如何解决这些问题，会给公司的人才结构带来哪些良性改变。

经过一番陈述，在座领导纷纷点头表示同意采用新的招聘模式，没有像以前一样产生强烈的抵触情绪。

这个事件结束后，老李对讲故事这种沟通手段有了全新的认识，认为讲故事是名副其实的职场必杀技。

◆ 为什么工作汇报不能就事论事？

上面两个案例，同样都是讲故事沟通，为什么前者失败了，后者成功了？是不是有些领导爱听故事，有些领导不爱听故事？是不是工作汇报只能就事论事，只讲结论呢？

其实，所有领导都爱听故事，领导不听你讲的故事，原因只有一个，就是你的故事没有讲好。

员工向领导汇报工作的终极目标就是让领导更好地做决策，但面对众多不确定因素，只呈现事实与数据往往很难打动领导。因为在这种情况下，领导往往会根据自己的直觉决策，绝不是基于事实或数据的判断。事实上，很多时候，我们都在用事实与数据验证自己的直觉。在这种情况下，员工就要讲故事，用故事打动领导，引导其做出符合自己预期的决策。

在案例 2 中，老李就是利用在座领导真实的招聘经历打动了他们，说服他们同意采用新的招聘模式。而在案例 1 中，领导之所以不听小黎讲故事，是因为他只需知道结果，不需要根据小黎的陈述来决定选择 A，还是选择 B。

另外，员工向领导汇报工作，或多或少地都会希望得到领导的认可。有些员工只希望领导认可自己的工作结果，有些员工希望领导通过一项工作认可自己的能力，有些员工希望领导通过一项工作发现自己的潜力。而讲故事就是为了让领导看到你深层次的能力，如思维模式、价值取向、面对问题时的思辨能力、面对困难时的承压能力等。也就是说，能力与潜力之间就差一个动人的故事。

◆ 怎样才能在汇报中讲好故事？

在案例 1 中，小黎想通过讲故事让领导知道自己与团队在这几天招聘过程中经历的辛苦，想得到领导的认可，但领导却没听她讲故事，这是为什么呢？为了在汇报中讲好故事，职场人必须明确以下三点（见图 7–8）：

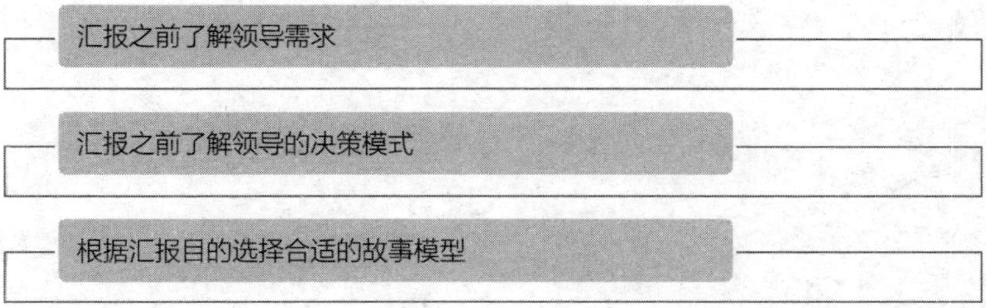

图 7–8　在汇报中讲好故事的三大策略

第一，在汇报之前，员工必须了解领导的需求，知道领导最关心的问题是什么。因为领导的级别越高，负责的事务也就越多，时间也就越宝贵。在向这类领导汇报时，员工必须开门见山，直截了当，直接汇报结果，以免领导失去耐心。

第二，在汇报工作之前，员工必须了解领导的决策模式，有针对性地选择讲故事的方式。在案例 1 中，因为小黎的领导是一个典型的“老虎”型人格，直截了当，喜欢听结果。所以，在小黎准备讲故事时，会被领导骤然打断。如果小黎换一种讲故事的思路，先告诉领导校园招聘的结果，再讲述招聘过程中遇到了哪些困难，经历了哪些事件，领导可能会愿意聆听。

第三，要根据汇报目的选择合适的故事模型。不同的人喜欢不同的故事模型，有的人喜欢先听结果，有的人喜欢先听故事的精彩之处，有的人喜欢按照正常的逻辑顺序听故事。为此，在选择用讲故事的方式汇报工作之前，员工必须先摸清领导的脾气，然后再选择合适的故事模型。

虽然讲故事是一种有创意的汇报方式，但员工也要根据具体情况慎重选择。

第8章 高效会议
进退有度，玩转会议舞台

畅通沟通渠道，提高会议效率

某公司计划在4月中旬举办一次特色活动，并组建了专门的活动小组，任命了组长。组长提议在活动前的第一次会议商讨确定活动方案，第二次会议分配活动任务，考虑活动举办过程中可能出现的问题，制定应对措施。结果，活动开始前的第一次会议，有人迟到，有人缺席，导致会议气氛严重不佳。

会议开始，组长询问小组成员对这次活动有什么特别的想法，现场无人应答，大家都默不作声。为了打破沉默，组长只好点名询问，每个人都说出了自己的想法，结果导致活动方向太多，始终无法形成一致意见。整场会议就在小组成员时不时迸发出的新想法中过去了。最后，组长不得不以“有同事缺席，因为征求不到他们的意见，所以大家回去再想一想有没有更好的想法，两天后我们再开会商讨”为由结束了会议。

第二次会议在确认所有成员都能到场后举行，会上，组长发表了自己的观点，公布了具体的活动方案。方案一提出，组员纷纷表示赞同，甚至有成员将这个活动方案与前一次活动做了对比。很久之后，组长才总结说："好，那我们就按这个方案开始执行。"在确定了活动方案之后，组长安排两名组员实地勘察，两名组员撰写具体的落地方案。

第三次会议，组长根据那两名组员撰写的落地方案分配任务。

……

第五次会议，组长和组员商定最终的活动落地事宜。

原本只需两场会议就能解决的问题，用了五次会议才完成，活动不得不一次又一次延期，直到4月底才顺利举办，引起了领导的强烈不满。

在上述案例中，第一次会议沟通的效率比较低，其原因有以下两点：第一，会议目标不明确，讨论活动具体方案无果，没有做出决策；第二，会议召开时间太长，没有实质性的收获，导致与会者产生了不满情绪。之后的几次会议沟通也存在很多问题。

以第一次会议为例，为什么会议效率如此低呢？

（1）会前准备工作不到位。第一次会议召开前，组长虽然发布了会议议题，但没有事先通知组员准备活动方案，也没有事先设定决策程序，即如何在众多备选方案中挑选出最佳方案。在第一次会议中，与会者大部分时间都在沉默，预期的头脑风暴没有到来。另外，会议选择召开的时间不合理，会议选择在周一召开，因为组员都是从各部门抽调而来，很多部门周一要开例会，导致一些成员无法按时参加。

（2）与会成员有厌烦或紧张情绪。受多种原因的影响，人们在会前、会中会产生很多不良情绪，如发言焦虑，因为害怕在会上发言紧张不已，没有心思倾听别人的发言；有些人认为自己被边缘化，从而产生一定的不公平感与挫败感。这些不良情绪都会影响会议进程。在上述案例中，在第二次会议召开过程中，小田因为没有机会将准备已久的方案说出倍感失望，在组长分配任务时无心倾听，也因为被分派到邀请外宾的任务而倍感压力。

（3）沟通存在从众现象。从众现象指的是集体在讨论决策时，当一名成员提出一种建议之后，其他成员欣然接受，不考虑这个方案的优缺点。在第二次会议中，组长提出一个方案，组员一致通过，却忽略了讨论这套方案的优缺点、可行性，导致方案在落地过程中遇到了很多阻碍。

（4）会议沟通存在“皮格马利翁效应”，即积极的期望推动人们向好的方向发展，消极的期望促使人们向坏的方向发展。在会议沟通中，皮格马利翁效应主要表现为喜欢发言的人会滔滔不绝，占用大部分会议时间，不喜欢发言的人则一言不发，只做“听众”。在这种情况下，会议沟通与协调很难产生好的结果。在上述案例的第一次会议中，有些组员滔滔不绝，谈了很多想法，但大部分与会议主题无关，浪费了很多时间。

（5）会议主持者缺乏把控会议的能力或意识。在上述案例的第一次会议中，在组员提出不同方案时，组长没能将会议流程引向方案评估与选择，导致大家花费了很长时间进行讨论却没有得出结果。在第二次会议中，某位组员长篇大论，内容离题万里，组长没能及时制止，浪费了大量时间。

◆ 三项要求提高会议沟通效率

（1）会议时间的安排。会议时间安排要遵循以下原则（见图 8-1）：

图 8-1　会议时间安排的三大原则

第一，时间不宜过长。研究表明，一名成年人可以聚精会神投入工作的时间大约是 2 小时，所以会议时间最好控制在 2 小时以内。当然，会议时间不能太短，太短不利于与会者充分讨论，得出最佳结果；时间过长则会导致与会者过于疲惫，使会议效率与质量受到不良影响。

第二，会议最好不要安排在午餐前或者下班前。午餐前，大多数人已经进入饥饿状态，很难集中精力参加会议讨论；下班前，人们经过一天的工作已经身心俱疲，情绪状态最不稳定，此时开会势必引起员工厌烦，更无法保证会议效果。

第三，准时召开会议。会议延迟会造成时间与金钱的双重浪费，导致会议延迟的原因往往是与会者迟到。所以，为了杜绝会议延迟，必须对迟到者进行适当的惩罚，时间一到立即开始召开会议，不要等待。

（2）会议准备材料安排。为提高会议效率，要在会前准备好相关材料。具体来看，会前材料准备的三大事项如图 8-2 所示。

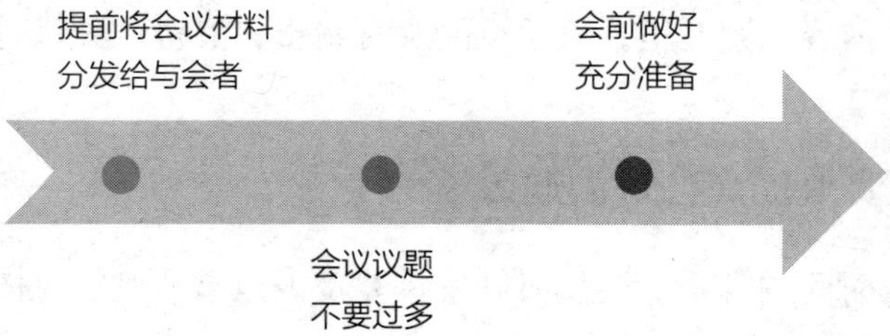

图 8-2　会前材料准备的三大事项

第一，提前将会议材料分发给与会者。为节省会议时间，提高会议效率，会议负责人或主持人要将相关材料提前分发给与会者，让与会者有足够的时间阅读、理解并形成自己的意见与结论。这样一来，在会议讨论环节，与会者都能快速、完整地阐述自己的观点，加快会议进程，提高会议效率。

第二，会议议题不要过多。凡事过犹不及，如果会议设定的议题过多，很容易导致与会者抓不住重点，影响会议讨论结果。一般情况下，一场会议设定的议题不要超过 3 个，1 ~ 2 个最佳。议题过多，不仅会严重分散与会者的注意力，影响结论达成速度，还会导致会议时间延长，影响会议效率。

第三，会前做好充分准备。为提高会议效率，会议负责人要提前做好准备，准备好会议议题、会议要讨论的内容以及会议所需材料，否则可能因为材料准备不充分、情况考虑不周等原因导致会议无法按照既定流程开展，无法达到预期效果。

（3）对于与会者的要求。为保证会议效率，在邀请与会者方面要做到以下两点（见图 8–3）：

图 8–3　邀请与会者的两大注意事项

第一，不邀请与会议无关之人。邀请无关之人参与会议不仅毫无意义，而且会拖慢会议进程。在一些会议上，经常有人一言不发，这些人可能就是与会议毫无关系的人士。作为会议负责人，必须提前确定好与会者，拒绝与会议议题无关之人入场。

第二，尽量避免讨论与会议议题无关的内容。大多数会议在召开前都确定了议题，在会议讨论的过程中，会议负责人或主持人要对会议讨论内容进行有效控制，发现与会者的发言偏离主题要及时出言提醒，让讨论内容回到既定轨道，以免会议讨论迟迟没有结果，导致会议时间无限延长。如果与会者在发言时提出一个非常重要的问题，可以先将这个问题记录下来，再安排一次专门的会议进行讨论。

总而言之，一场高效会议需要负责人和与会者相互配合、共同努力，从会前准备到会议召开，再到会后落实，都必须制定措施予以保障。另外，会议是一个集中讨论、观点碰撞的场合，不应成为某个人的一言堂，发言者要控制自己的发言时间，以免会议拖延，影响会议效率。

精准分辨，巧妙化解会议冲突

人与人之间产生冲突的原因有很多，如文化差异、思想差异、语言差异、无效沟通等。公司组织召开会议的目的就是有效沟通，解决冲突与矛盾，以便各项工作能顺利开展。但在会上，因为与会者所处立场不同，个性存在明显差异，经常产生冲突，影响会议进程与最终结果。要想化解会议冲突，会议负责人必须精准地辨析冲突，确定冲突类型，然后采取有效措施予以应对。

在元旦到来之前，公司准备策划一场促销活动，召集市场、策划、运营等部门的负责人召开了一场会议。在会上，市场部的刘经理与策划部的王经理发生了争执，起因是刘经理提出一个活动方案，要求策划部按照他的提议进行活动策划，但王经理认为这个方案固然好，但落地困难，可行性不高。两人你一言我一语地争辩起来。会议负责人李秘书看到两人的争辩即将演化为争吵，立即出言打断。“两位的话都有道理，刘经理的提议非常有新意，王经理的观点也非常符合实际，不如我们先听听运营部蔡经理的观点，然后再商讨这个方案该如何落实。下面，请蔡经理发言。”

因为李秘书知道蔡经理是公司有名的和事佬，而且从来都是以理服人，从不和稀泥。蔡经理果然不负所望，有理有据地提出了自己对于这个方案的观点，并且说服了刘经理和王经理，让整场会议有了一个比较圆满的结果。

可见，精准辨析冲突类型，及时介入，对于控制冲突、转化冲突来说至关重要。

◆ 会议冲突的三种类型

总体来看，会议冲突有三种类型，如图 8-4 所示。

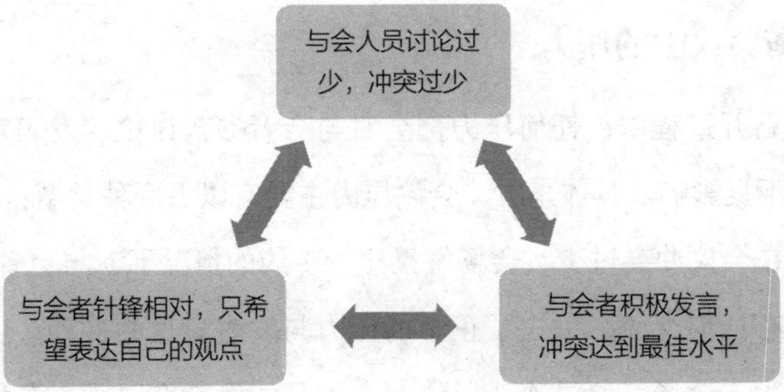

图 8-4　会议冲突的三种基本类型

- 类型一：与会人员讨论过少，冲突过少，预期的沟通目标没有实现，导致会议绩效过低。
- 类型二：与会者积极发言，冲突达到最佳水平，预期的会议目标顺利实现，会议绩效水平达到最高。
- 类型三：与会者针锋相对，只希望表达自己的观点，不听取他人的意见，导致会议冲突过多，会场气氛变得紧张，预期的会议目标无法实现，会议绩效降至最低点。

对于会议负责人来说，为了营造一个良好的沟通氛围，必须对冲突进行有效管理：第一，如果冲突过少，会议负责人就要刺激与会人员产生有益冲突，达到会议目标。例如，会议负责人可以点名与会者发表自己的观点，或者提出一个议题供与会人员讨论，调动会场气氛。第二，如果冲突过多，会议负责人必须及时抑制不良冲突，塑造一个良好的沟通环境，维护会议秩序，提升会议绩效。上文的案例就是如此，在刘经理和王经理站在各自的立场针锋相对时，李秘书及时出言打断，并提议让第三人蔡经理发言，成功地遏制了一场破坏性冲突，使会议达到了预期目标。

◆ 平衡会议中的压力

在会议召开过程中，任何压力都会对与会者参与讨论、发表观点的意愿与效果造成不良影响。具体来看，会议压力主要有以下两种类型：

第一，在会议冲突过少、会场气氛比较冷淡的情况下，与会者概不发言，彼此之间没有任何交流，失去了正常的压力与发表意见的冲动。或者，因为会议冲突过少，会场气氛过冷，导致与会人员的发言变得小心翼翼，担心自己会因不当言论承担责任，对自己的发言资格产生怀疑，从而感受到巨大的压力，没有勇气发言。

第二，会议冲突过多，导致与会人员矛盾激化，会场气氛变得异常紧张。在这种气氛的感染下，与会者产生巨大压力，失去发言的勇气。

所以，在会议召开过程中，会议负责人要想做好会议管理，必须有效控制这两类冲突，做好压力管理，营造一个良好的沟通氛围，提高与会者发言的积极性，疏通发言渠道，让与会者可以畅所欲言。

◆ 破坏性冲突的处理策略

如果在会议召开的过程中，会场冲突不断，与会人员陷入恶意争执，会议负责人应如何应对呢？一般来讲，面对破坏性冲突，会议负责人可采取五种处理方式，包括强制、合作、妥协、回避、顺应，如图 8–5 所示。不同的方式适应不同的情景，会产生不同的结果。

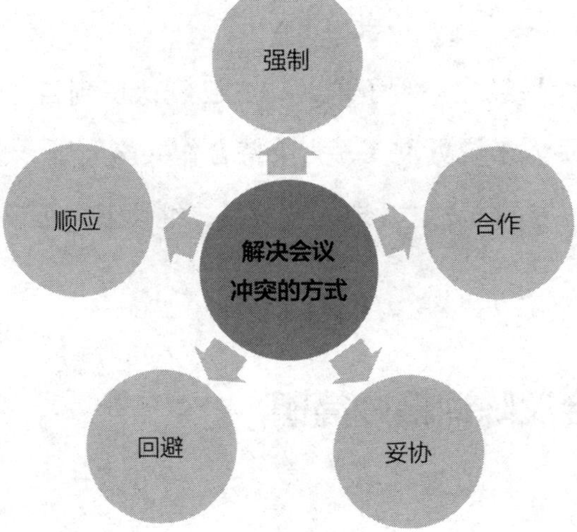

图 8–5 解决会议冲突的五种方式

（1）强制。如果组织因一个紧急事件召开会议，需要立即做出决策，却在会议过程中爆发破坏性冲突。面对这种情况，会议负责人必须强制打断争执，利用自己的权威，综合各方意见做出决策。

（2）合作。如果会议讨论的事件非常重要，经会议负责人协调冲突双方各不相让，并且都有非常明确的目标，其目标对总目标的实现都有积极作用。在这种情况下，会议负责人可以鼓励二者合作，相互配合，共同实现既定目标。

（3）妥协。如果会议讨论的议题过于复杂，面临巨大的时间成本、资金，一方虽然有非常明确的目标，但目标价值较低，或者在执行过程中存在较大的危机。在这种情况下，会议负责人可以说服这一方妥协，暂时放弃自己的观点，推动会议正常开展。

（4）回避。如果会议讨论的议题不太重要，解决问题所带来的好处微乎其微，搜集资料的重要性远高于立即决策，只有冷静下来才能找到更好的方法。在这种情况下，会议负责人可以引导与会者暂时放下这个问题，做好记录，另寻时间组织会议进行讨论，以免在这类问题上浪费太多时间，影响会议效率与效果。

（5）顺应。如果经过一番争论，一方已经认识到自己的提议存在漏洞，或者这个议题对别人来说更重要，为秉持合作共赢原则，会议负责人可以引导这一方顺应另一方的方案，达成一致意见，继续下一个议题的讨论。

四大技巧，会议陈词精妙简明

小夏是某公司的一名业务员，非常健谈，经常在月度销售会议上高谈阔论，不给其他人说话的机会，引起了很多员工的不满，最终因为业务能力、销售业绩一般被辞退。如果一名员工只会夸夸其谈，只会在公共场合以口才表现自己，不听取别人的意见，不能为公司谋福利，怎么可能被公司优待呢？

其实在职场上，面对会议发言，人们往往会走向两个极端：一是像小夏这样，毫无主题地滔滔不绝，不给其他人发言的机会，甚至拖延会议时长，引起他人的不满；二是局促不安，上台之后不知所措，白白浪费了一个展现自我的机会。那么，面对会议发言，作为一名成熟的职场人，究竟应如何表现才能既展现自我，又赢得他人的喝彩呢？会议发言的四大技巧如图 8-6 所示。

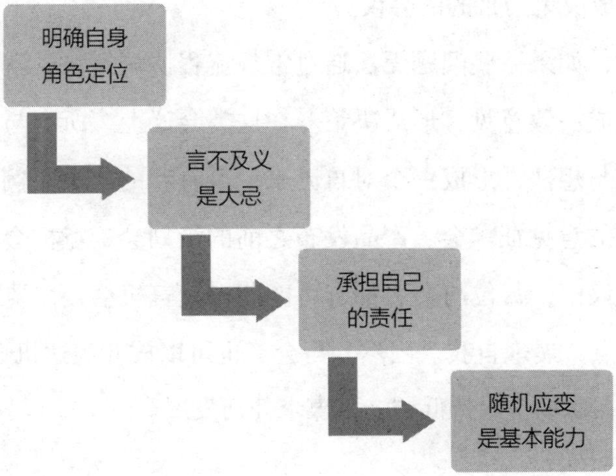

图 8-6　会议发言的四大技巧

◆ 明确自身角色定位

无论何种类型的会议，其目的无外乎两个，一是传递信息，二是形成决策。

（1）以传递信息为目的的会议。

在团队合作中，以传递信息为目的的会议非常常见，可以帮助分工不同的团队成员沟通交流、共享信息。例如，在一家制造企业中，生产部需要通过会议向市场部介绍产品卖点，分析产品性能；市场部需要通过会议向销售人员传达产品销售方案；销售部门需要通过会议向生产部门反馈最新的市场信息。

在这类会议中，只要你身处其中的某个环节，负责某项任务，无论是否愿意都必须发言，因为你代表的不是自己，而是所在的岗位。这类会议有很多，例如公司校招时的宣讲会，作为负责招聘的 HR，必须站在众人面前发布招聘信息；高考之前的动员会，作为班主任，必须站在全校师生面前宣讲，给学生加油打气；公司系统升级之后，作为技术部的负责人必须召开培训会帮助员工尽快适应新系统；等等。

（2）以形成决策为目的的会议。

在职场上，如果一些问题无法通过常规流程协调解决，就需要召开会议进行讨论，达成一致意见，形成决策。在这类会议上，所有与会者都可以表达自己的意见与想法，形成一个对自己来说最有利的决策。例如，企业革新规章制度之前的意见征求会、产品发布之前的策划会、竞标会、年终总结会等。在这些会议中，每位与会者都有可能获得发言机会，需要大胆地阐述自己的想法与观点，展现自我。当然，与会者也可以放弃表达机会，保持沉默，只要你想一直在职场中保持低调，不谋求任何发展。

◆ 言不及义是大忌

会议不仅是一种精神消耗，还是一种物质损耗。

某公司曾推出这样一个公式：会议的机会成本 = 每小时平均工资的 3 倍 × 2× 开会人数 × 开会时间（小时）。在这个公式中，每小时平均工资的 3 倍指的是与会人员的劳动产值往往是其平均工资的 3 倍，乘以 2 是因为召开会议就不得不中断工作，所以损失是双倍的。由此可见，会议的每一分每一秒都无比宝贵。

所以，与会者在会上发言必须提前做好准备，要做到简明扼要、开门见山、主题清晰、言之有物。具体来说就是，在会议开始前，发言者必须了解会议主题、会议内容、会议目标以及其他与会者的相关情况，根据主题准备发言内容，提前思考会议中可能发生的状况，做好应对准备。发言时尽量做到提纲挈领，先提出主张，再阐述理由。发言者阐述理由要有逻辑，可以事先将想表达的内容列成条目，并用几个词或一两句话对每一条进行概括。如果时间充裕，可以在相关条目下列出数据与材料展开论述。

如果别人的发言内容与你事先准备的发言内容有部分重叠，你可以针对重叠部分进行补充论证，提交更有说服力的论据，然后将没有重叠的部分讲出来，切忌重复前面发言者已经讲过的内容，不仅浪费时间，也是对前面发言者的不尊重。

在会议中，认真聆听他人发言是一种基本职业素养，尤其是在讨论环节。只有了解别人说什么，才能在之后的发言中有的放矢，不断调整自己的思路与观点，完成一个得体的发言。如果在发言过程中不得不提到别人已经提到的观点，可以用“正如刚才 ×× 谈到的那样，我还想补充一点”或“在这个问题上，我特别赞同 ×× 的意见”这样的话一带而过，不仅可以承接他人的论点，还可以强化自己的观点，体现出对他人的尊重，展现一个专业、有态度的职场人形象。

◆ 承担自己的责任

成功就是要在正确的时间做正确的事情。按照这个逻辑，在会上发言，除了要正确地说话之外，选择合适的时机说话也非常重要。从某种程度上看，发言时机的选择也会体现发言者在团队中的地位与角色。

在最终决策形成之前，团队核心成员或意见领袖往往会率先表态，他们的观点与意见会对会议走向产生决定性影响。接下来就是资深员工，他们会针对核心成员或意见领袖的意见发表自己的观点，或支持，或反对。最后是新人发言。经过前面两轮发言，留给新人的发言时间与表达空间有限，大多数人只能表态，很难再提出新想法、新观点。在会议结束之前，团队负责人会对大家的意见与观点进行总结，形成最终决策。

在很多公司的会议中，发言时机就像一个隐形规则，虽然没有明文规定，但所有人都要遵守。试想一下，在一场会议中，有十几年工作经验的老员工在会议即将结束时才发言，而且只是简单地表达自己的态度——我同意 ××

的观点，我支持 ×× 的决定，一定会给人一种敷衍了事的感觉。相反，如果一位初出茅庐的年轻人在会上第一个发言，而且侃侃而谈，不给他人机会，一定会被人诟病。所以，在会上发言选择合适的时机非常重要。作为发言者，必须明确自己在团队中的定位，在团队中扮演的角色，自己的意见会产生多大的影响力，只有了解了这些内容，才能抓住发言机会，承担起与自身角色相匹配的责任，规避不必要的风险，完美地完成发言任务。

如果是职场新人，面对会议发言最好的做法就是认真准备，坚守多听、多看、多学的原则，在他人发言时认真倾听，做好记录，自己发言时恰当地表达自己的观点，不过度自信，也不过分自谦。有些职场新人总是希望借会议发言展现自己，一鸣惊人，进取心值得肯定，但这种做法不可取。虽然一些会议有可能给新人发言机会，但新人如果痴迷于此，很有可能因为表现不当引起他人反感，将自己置于尴尬境地。

◆ 随机应变是基本能力

一个小小的会议室就是一个浓缩版的职场，在这里，人与人之间的关系，人们面对不同事件的态度、处理问题的方式等都会显露出来。面对会议过程中实时出现的问题，与会者如何应对是对情商的一大考验。

会上发言，选择合适的表达方式至关重要，尤其是在与其他人意见相左时。假设在会议过程中，你不同意某人的发言，无论有多么强烈的辩驳冲动也要保持克制，在你获得发言机会时要先讲述自己的观点，在对方的发言中找到可以达成共识的点，然后再用合适的方式提出自己的意见，在不伤害他人的前提下将自己的想法表述出来，既能达到讨论目的，又能展现自我。

这里所讲的“合适的方式”指的就是说话的艺术，在职场社交中这一点非常重要。如果遇到与自己意见相左的发言者，你站起来之后不是立即否定对方，而是真诚地说：“我认为 ×× 提到的这种方式很独特”“感谢 ×× 对我工作的关注”，可能会使会场因意见不一形成的紧张气氛有所缓和。

会议发言还有最重要的一点，如果你否定了他人的方案，必须提出一个新想法，否则你所有的发言都会变得毫无说服力。

另外，会议发言还有一个小技巧，有心理研究表明，如果发言者发言时将目光频繁地投注在某个人身上，就会获得对方的反馈，或点头表示赞同，或事后发言补充。这个研究告诉我们，在会上发言时，发言者可以注视主要决策者，与其建立关联点，或许可以取得意想不到的结果。

五大方法，玩转视频电话会议

随着互联网和各种信息技术不断发展，视频电话会议已成为一种非常重要的沟通方式，在缩短沟通路径、提升沟通效率与生产力方面发挥了重要作用。但通过视频电话会议沟通存在一些问题，如背景噪音、传输信号不稳定、如果与会者人数过多就无法顾及所有人等。与会者怎样解决这些问题，将视频电话会议方便沟通的优势全面释放出来呢？

A集团是一家大型跨国集团，总部在美国洛杉矶，每年1月都会召集全球各地区的负责人前往洛杉矶开年终总结会。让这些散落在不同国家和地区的负责人在同一时间聚集在一起并非易事，企业每年都要为此付出高昂的成本。在某年的年终总结会上，中国区的负责人钟先生突然接到一个电话，中国区市场出现异常，原先制订好的方案失效，必须立即制订一个新的方案。钟先生远在美国，无法立即赶回国内处理此事，万分焦急。在总部负责人的建议下，钟先生临时召开了一场视频电话会议，与各部门负责人商讨解决方案，经过 3 小时的紧张讨论，终于在北京时间凌晨 3 点制订了一套新的方案，成功化解了这场危机。

在工作环境中，视频电话会议将身处异地之人连接在了一起，为他们随时随地聚集在一起商讨方案、制定决策提供了方便。虽然在视频电话会议中，与会者可以互相“看见”，但因为隔着屏幕，再加上网络延迟，会议效果很难达到最佳，与会者经常产生沮丧、失落等感觉。在这种情况下，与会者应如何调整自己，保证视频电话会议的效果呢？

◆ 两大关键要素

在隔着屏幕、缺乏直接感触的情况下，与会者可以利用的关键要素有两个，一是韵律行为，二是声音质量，如图 8–7 所示。

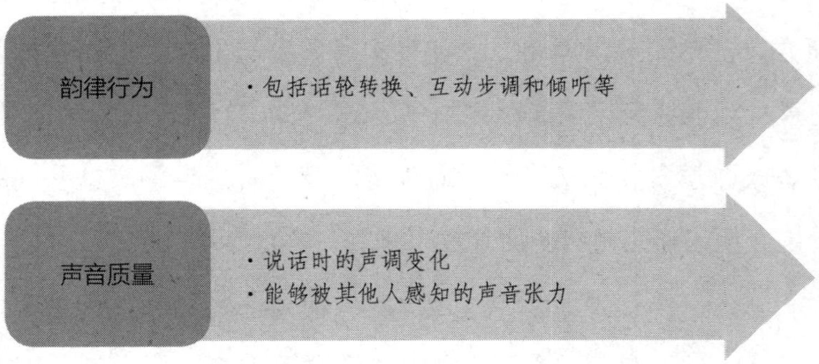

图 8–7　视频电话会议的两大关键要素

（1）韵律行为。韵律行为主要包括话轮转换、互动步调和倾听等。在参加视频电话会议的过程中，组织者要负责调动沟通氛围，鼓励与会者积极发言，畅谈自己的想法与意见。作为与会者，一方面要积极发言，另一方面要给其他与会者发言的机会，并在他人发言时认真倾听。只有做到这几点，才能在视频电话会议中建立一个更加平衡的双向交流，让与会者产生更强的联系感与被重视感，从而有一个令人满意的结果。

（2）声音质量。声音质量指的是说话时的声调变化以及能够被其他人感知的声音的张力。视频电话会议毕竟不是面对面交流，声音传播介质大不相同，所以，与会者发言时要适当提高音量，速度适中，语气自然，将自己的观点与想法清晰地传递到其他与会者的耳中。

◆ 两种沟通技巧

召开视频电话会议有两种沟通技巧，分别是一对多交流和协作交流互动，如图 8–8 所示。

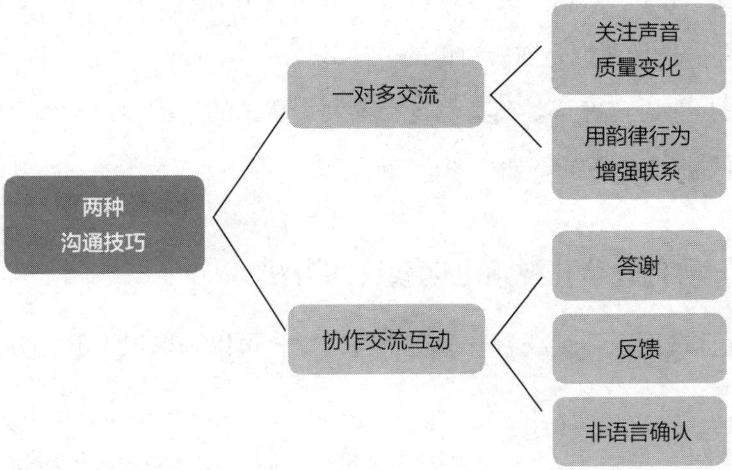

图 8–8　视频电话会议的两种沟通技巧

（1）一对多交流。

在视频电话会议中，如果与会者要开展一对多交流，需要关注以下两点：

第一，关注声音质量的变化。声音质量的变化指的是音调强弱和节奏的变化，这种变化会吸引听众注意，让其他与会者集中精力倾听。

第二，用韵律行为增强与其他与会者的联系。作为会议发言者，有责任投入时间和精力与其他与会者增进交流，在发言过程中停下来询问其他与会者的意见，或者利用尽可能短的时间表达自己的观点，让其他与会者商议讨论。

（2）协作交流互动。

如果是在团队协作过程中召开视频电话会议，需要与多名团队成员交流互动，组织者要平等分配参与权，允许其他人发表意见，并对他人的意见进行客观评价，让他人产生被重视感。为了做到这一点，会议组织者可以采取以下三种方法：

第一，答谢。对对方的贡献表示认可，如“感谢 ×× 提出的意见”。

第二，反馈。对他人的贡献进行评论，做出简要重述，如“所以你的意思是……”“就像我们之前所讨论的……”。

第三，非语言确认。在其他与会者发表意见的过程中，会议组织者可以用一些语气词表示赞同，如“嗯”“啊”“是”等。

◆ 五种有效召开视频电话会议的方法

为保证视频电话会议召开的质量与效率，可以采取以下五大方法（见图 8-9）：

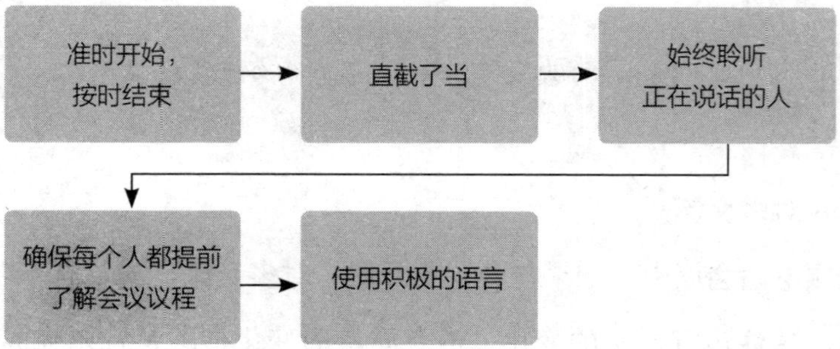

图 8-9　有效召开视频电话会议的五大方法

（1）准时开始，按时结束。

一般情况下，视频电话会议开始前8分钟会在无形中被浪费，或被其他事情打扰偏离预设方向，导致与会者的注意力被分散，无法专注会议。有研究表明，一旦视频电话会议在开始阶段出现这种情况，可能需要大约20分钟才能回到原来的会议状态。

如果在会议过程中遇到一些无法立即解决的问题，可以另寻时间召开会议解决，不能随意拖延会议时长，按时结束可以让与会者养成时间观念，处理工作时直截了当，不会故意拖延，能让与会者感觉自己的时间得到了尊重，让他们对参与会议保持一定的积极性。

（2）直截了当。

在视频电话会议中，因为失去了会议室紧张、严肃的气氛的束缚，与会者可能会变得非常活泼，打开屏幕就开始相互寒暄，互问时间与天气，互聊家庭与生活，迟迟无法进入会议状态。面对这种情况，会议组织者要直截了当地切入会议主题，剥夺与会者的闲聊时间，以免与会者无法全身心地投入会议，导致会议效率下降，无法达到预期效果。

（3）始终聆听正在说话的人。

视频电话会议召开期间的背景噪音会对会议效率产生负面影响，即便很多与会者没有注意到这一点，噪音感知对人们在脑力劳动中的表现的影响也是真实存在的。所以，在会议开始前，会议组织者要提醒与会者在不发言时将自己的话筒调成静音，保证整个“会场”只有发言者的声音，让其他与会者专心聆听。

（4）确保每个人都提前了解会议议程。

会议组织者至少要在会议开始前24小时将会议议程分发给所有与会者，保证所有与会者都了解会议要点与会议目标，引导与会者提前做好准备，保证所有与会者的发言讨论都在同一层面上，不至于离题万里，影响会议的最终结果。

（5）使用积极的语言。

在召开视频电话会议的过程中，会议组织者要使用积极的语言鼓励与会者发言，例如“没错，是这样”“好主意”“有创意”等。如果认同发言者的观点还可以微笑点头，表示支持与赞同。发言者获得认可会信心倍增，更加全身心地投入会议。所以，在视频电话会议所讨论的问题陷入僵局时，使用积极的语言以示鼓励，让与会者保持沟通积极性非常重要。

总而言之，视频电话会议虽然解决了跨时空沟通问题，但存在很多局限。作为会议的组织者、与会者必须保持积极的态度，按照正常的会议流程召开视频电话会议，不拖延、不游戏，认真聆听、积极互动，保证视频电话会议的质量与效率。

十大原则，做好跨部门会议沟通

公司一些重大项目往往需要跨部门合作，为了推动项目顺利开展，方便各部门人员沟通，往往会召开跨部门会议。在会上，各部门负责人因想维护自己部门的利益无法达成共识，或者在项目开展的过程中，A 部门认为十万火急的事情，到了 B 部门负责人口中就变成了小事。因为这件小事没能按时解决，导致后面的流程无法推进。在跨部门合作过程中，这样的案例比比皆是。面对难以推进的跨部门会议，与会者应采取何种措施，秉持何种原则，保证跨部门沟通可以顺序进行，达到预期效果呢？具体来看，跨部门会议沟通需遵循十大原则，如图 8-10 所示。

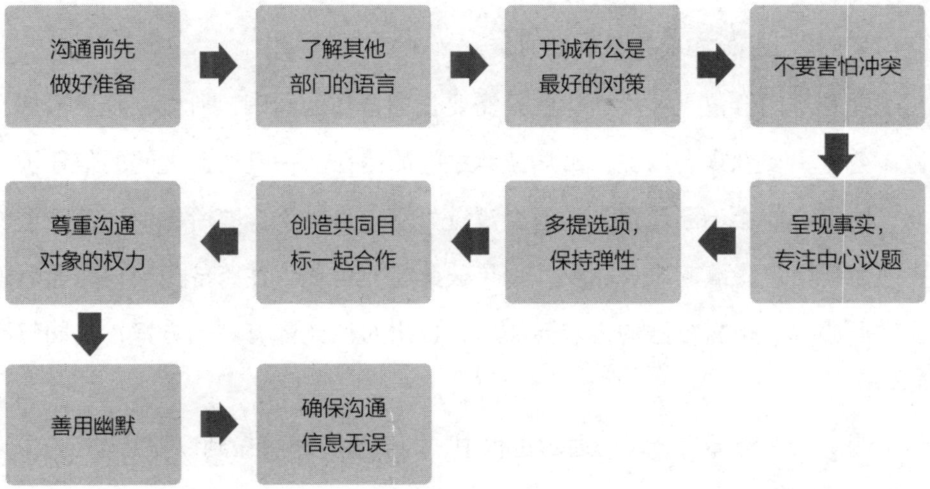

图 8-10 跨部门会议沟通需遵循的十大原则

原则 1：沟通前先做好准备。

在参加跨部门会议之前，要先明确一些基本问题，如“我希望对方帮我做什么事情？”“对方会要求我做什么事情？”“如果对方不同意我的观点，是否还有其他的解决方案？”“如果我们没有达成共识，会产生怎样的后果？”

原则 2：了解其他部门的语言。

很多时候，跨部门沟通不畅是由“语言不通”造成的。因为每个部门都有自己的语言，市场部的共同语言可能是营收、利润；生产部的共同语言可能是创意、卖点；财务部的共同语言可能是预算、收支等。要想在跨部门会议上做到顺畅沟通，必须学会换位思考，了解对方的语言。例如，“采取这个方案，对业务部的业绩有帮助吗？”“这个方案会不会对市场部造成不良影响？”

跨部门的换位思考可以在最大程度上消除沟通不畅等问题。此外，频繁的互动还能增进彼此之间的熟识度，培养与会者换位思考、设身处地为他人着想的美德，帮助与会者进一步了解其他部门的语言，为跨部门沟通的顺利开展奠定基础。

原则 3：开诚布公是最好的对策。

在跨部门会议上，你面对的是需要长期合作的同事，所以，凡事最好开诚布公，不要隐瞒、欺骗，破坏彼此之间的信任。一旦彼此之间的信任被破坏，防御心就会不断增强，沟通交流、分享信息时就会有所保留，甚至会将一些重要信息隐藏起来。相反，如果彼此建立信任，在跨部门会议沟通时就会敞开心扉，袒露自己的需求与顾虑，提出对彼此都有利的方案，共同解决问题。

为此，在跨部门会议沟通的过程中，与会者要坚持做到以下几点：

- 对于他人对自己的错误判断不要解释。
- 意见不合不要争执。
- 对方发言时不要贸然打断。
- 微笑倾听他人的发言与反驳。

原则 4：不要害怕冲突。

在跨部门会议上，部门主管为了维护自己部门的利益往往会和其他部门主管发生摩擦，有些新上任的主管担心破坏会场和谐的气氛，往往不敢发言。其实，如果管理团队在讨论某个议题时没有冲突，决策质量反而会不高。所以，会议管理者千万不能将“没有冲突”视为“意见一致”。

在某些情况下，跨部门沟通会议上的气氛太和谐反而不利于方案的生成、问题的解决。所以，在跨部门会议上，部门负责人最好的状态是态度和缓，立场坚定，要据理力争，不要轻易妥协。作为部门负责人，即便要与其他部门保持良好关系，也要时刻捍卫自己部门的权益。

原则 5：呈现事实，专注中心议题。

在跨部门会议上，聚焦与会人员注意力的最好方式就是呈现具体事实，用这种方式将与会人员的注意力引向中心议题，减少不当臆测。因为事实可以将沟通过程中“人”的因素降到最低。如果事实不足，个人动机可能会受到质疑。但在事实面前，一切动机都有极强的说服力，可以营造一种强调议题的会议氛围，有效防范人身攻击。

原则 6：多提选项，保持弹性。

在跨部门会议上，与会者在商讨方案时不要局限于单一做法，而是要尝试开发不同的选项。例如，一次性提出 3 ～ 5 个方案，给其他与会者更多选择。在这种情况下，与会者可以对自己的支持度进行灵活调整，也可以在商讨过程中改变立场，减少会议过程中的人际冲突，维持良好的会议氛围。

原则 7：创造共同目标一起合作。

公司各部门之间一定存在竞争、合作关系。跨部门会议要想开展建设性沟通，生成有建设性的方案，必须强调彼此之间的合作关系，而合作的关键在于拥有共同的目标。所以，会议组织者要确定一个各部门都认同的目标，然后向着这个目标共同努力。

在跨部门会议中，让各个部门达成一致目标需要考虑四个问题：

- 各部门的共同目标是什么？
- 有什么因素会给双方合作造成阻碍？
- 创造共同目标的资源是什么？
- 各部门通力合作的价值是什么？

原则 8：尊重沟通对象的权力。

在各个部门，部门经理就是权力最大的决策者，他们希望自己的这种权力可以得到他人的尊重。所以，在跨部门会议上，与会者必须尊重沟通对象的权力。例如，市场部要在 2 天后推出一项网络营销计划，但网站还未完成搭建。面对这种情况，市场部经理一定不要直接与负责网站搭建的员工沟通，而应该先与技术部经理联系，寻找解决方案，以免引起技术部经理的不满。

总而言之，在公司的跨部门会议上，与会者必须注意彼此之间的对等关系，尊重对方的权力，以免引起不必要的误会。

原则 9：善用幽默。

在跨部门会议上，如果某位发言者呈现的事实会触犯到其他与会者的利益，可以用幽默的方式表达出来，在阐述自己观点的同时保全对方的面子，从而更好地开展正面沟通。但幽默不能随意使用，如不能调侃对方的家庭、不披着幽默的外衣进行人身攻击、不涉及组织敏感话题等。

原则 10：确保沟通信息无误。

部门经理在参加完跨部门会议之后，如果会议议题与自己所在的部门息息相关，务必将会议进展与最新信息传达给部门成员，因为跨部门会议决定的任何事项，生成的任何决策都要交给各部门的一线员工去执行。在保证信息沟通效率与质量方面，部门经理可以采取以下方法：

- 就沟通事项与沟通内容同对方反复沟通。
- 利用澄清的方式提出不明白的内容。
- 谈论重点议题时不要打断对方。

第9章 销售成交
话中有术，触动顾客痛点

巧妙对话，做一名成熟的推销者

史密斯先生是一家汽车修理厂的老板，同时还兼职推销二手车。一天，汽车厂来了一位顾客，想要买一辆便宜的二手车，史密斯并没有顺势向其介绍车辆，而是按照顾客的要求挑选了一辆车，请顾客坐上驾驶座，临时挑选了一条路驶出了修理厂的大门，在车辆行进的过程中，史密斯问道："您觉得怎么样？"

顾客回答道："我觉得方向盘有些松动。"

史密斯回答道："您真厉害，我也发现了这个问题，您还有其他的意见吗？"

顾客回答道："引擎很不错，离合器也没问题。"

史密斯回答道："您真厉害，看得出是行家。"

史密斯说完这句话之后，顾客便问道："史密斯先生，请问这辆车多少钱？"

史密斯笑着说道："您已经亲自体验过了，对它的价值您比我了解，您觉得它值多少钱？”

顾客明白这可能是史密斯设的圈套，所以说出了一个比较低的价格。史密斯虽然不满意这个出价，但也没有表现出来，而是耐心地和顾客周旋，最终确定了一个令双方都满意的价格。

在这场交易中，作为推销员，史密斯采用了很多技巧，如先让顾客免费试用，让顾客产生参与感，激发顾客的购买冲动，然后再和顾客讨价还价。除此之外，通过这个案例，我们还可以总结出一名成功的推销员必须具备的五大能力，如图 9–1 所示。

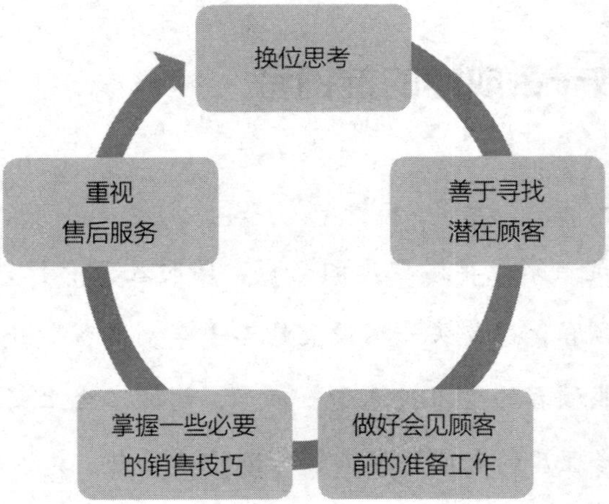

图 9–1　一名成功的推销员必备的五大能力

（1）换位思考，学会站在顾客的角度想问题。作为一名推销员，收入高低往往取决于销售业绩的好坏，所以，推销员往往会将关注点放在销售业绩，而非顾客的真实需求上。很多时候，为了达成交易，推销员甚至会误导顾客，让顾客购买一些不实用、没有价值的产品。在上述案例中，史密斯先生在推销二手车时先询问顾客的需要，并在顾客试驾的过程中询问顾客的感受与建议，然后再让顾客决定是否购买。这个案例告诉我们，推销员一定要学会换位思考，了解顾客需求，有针对性地向顾客推销产品，与顾客建立一种更和谐、更长久的关系。

（2）善于寻找潜在顾客。推销工作往往始于寻找潜在顾客，因为只有尽可能多地发现潜在顾客，才有可能达成交易，取得更好的销售业绩。但据调查，每年有超过八成的推销员因为没有找到足够的潜在顾客而被淘汰。所以，对于推销人员，尤其是新入职的推销人员来说，如何寻求潜在顾客非常重要。

如果借鉴史密斯的做法，就是学会打造自己的口碑，开展口碑营销。因为史密斯良好的信誉以及独具特色的销售方式，在其所在城市形成了良好的口碑，大部分有购买二手车需求的人都会主动前来寻求帮助。对于史密斯来说，每一位前来问询的顾客都是潜在顾客，即便当下没有成交，也会在未来的某一天与其达成交易。

（3）做好会见顾客前的准备工作。很多推销员都非常重视与顾客的会面，却不重视与顾客会面前的准备工作。因为很多推销员认为顾客都大同小异，只要有机会与顾客面对面交流，将产品特性、卖点介绍给顾客，就有机会达成交易。事实上，成熟的推销员都知道，每一个顾客都有自己的特点，在与顾客会面前准备得越详细、越充分，沟通就越顺利，成交的概率就越大。所以，在了解顾客基本信息的情况下，推销员最好有针对性地做一些准备工作，如见面地点、如何自我介绍、如何切入话题、顾客可能问哪些问题等。充分的准备更有利于推销员在顾客面前树立专业的形象，更容易取得顾客的信任，进而达成交易。

（4）掌握一些必要的销售技巧。交易能否达成在很大程度上取决于推销员与顾客的交谈质量。为此，推销员必须掌握一些与顾客的交流技巧。

- 通过提问发现顾客的真实需求。在与顾客交流的过程中，如果推销员始终掌握话语权，不停地向顾客灌输产品特性、产品卖点，不给顾客说话的机会，很容易引起顾客的厌烦。为了防止这种情况发生，能够在最短的时间内让顾客卸下防备，赢得顾客的好感与信任，推销员可以用提问的方式打开局面，设计几个有针对性的问题来获知顾客的真实需求，然后找到产品能够满足顾客需求的卖点，将其展示给顾客，获得顾客的认可。

- 能够与顾客进行和谐对话。在与顾客沟通的过程中，推销员切记不能问太多封闭式问题，限制顾客的表达，而应多问一些开放性问题，让顾客充分表达自己的意愿与感受。就像案例中的史密斯一样，他会问顾客："您觉得这辆车的性能如何？""您觉得这辆车值多少钱？"，而不是"这辆车售价为×××美元，您是否能够接受？"。

- 能够快速识别并处理顾客的消极态度。如果推销员无法及时发现顾客表现出的反对、冷漠、怀疑等消极态度，并及时处理、解决，就会彻底失去顾客的信任与好感，无法达成交易。其实在与推销员交谈的过程中，顾客的一切态度都会表现得非常明显，摇头可能表示不同意、频繁地看时间可能表示不耐烦、打断推销员的话可能表示质疑等。作为推销员，在与顾客交谈的过程中必须对此保持敏感，引导顾客排解这些不良情绪。

- 能够意识到何时及如何提请成交。成熟的推销员在与顾客交谈的过程中会非常敏锐地发现提请成交的时机，果断提请成交。在这个过程中，推销员还会根据具体情况有针对性地使用成交技巧。

（5）重视售后服务。任何推销员都不希望与顾客做一次性交易，为了与顾客保持良好的关系，推销员必须为顾客提供优质的售后服务，并与顾客保持联系，将其发展为自己的忠实顾客。在这个过程中，推销员必须做好以下几点。

- 如果在与顾客交易时做出过某种承诺，推销员必须在交易达成后履行承诺，取得顾客信任。
- 如果接到顾客投诉，一定要及时处理，在与顾客沟通时切忌态度冷漠、敷衍塞责，或采取拖延战略，加剧顾客的不满。
- 在顾客咨询产品使用方法时，推销员要耐心回答，帮助顾客掌握产品的正确使用方法。
- 与顾客保持联系，积累一批属于自己的高忠诚度的顾客。

综上所述，推销过程就是推销员与顾客交流、互动的过程，最终的交易能否达成在很大程度上取决于推销员与顾客交互的质量。所以，要想成为一名成熟的推销员，必须掌握一些与顾客交谈的技巧，巧妙应对顾客提问，与顾客保持长久联系，获得顾客信任，积累一批稳定的顾客资源。

产品介绍，打动顾客的四大技巧

某家电企业研发了一款新冰箱，交给 A、B 两名推销员去推销。A 推销员一天推销出去 2 台，B 推销员一天推销出去 20 多台，为什么会出现如此大的差距呢？下面，我们通过对这两名推销员推销过程的分析来找寻一下原因。

A 推销员发现目标顾客之后非常直接地问道："先生，您买冰箱吗？我们这款新冰箱非常好，您买一台吧！"顾客挥挥手拒绝道："我不买。"A 推销员点点头转身离开，继续寻找新的目标顾客。就这样，一天的时间，A 推销员销售出去 2 台冰箱。

B推销员发现目标顾客，主动上前询问："先生，您现在忙吗？如果不忙的话，我向您介绍一款我们新生产的冰箱怎么样？这款冰箱的功能与传统冰箱不一样，它不仅可以冷冻、保险，而且新增了变频功能，可以根据温度适时调整，不仅让食材更新鲜，而且更省电。另外，这款冰箱可以远程控制，如果您家里有小孩，还可以使用童锁功能……如果您家里需要换冰箱，不妨考虑一下。现在购买不仅可以享受上新价，还能享受超长延保，保修期5年，非常划算。"凭借这一套精心设计的话术，B推销员1天销售出去20多台冰箱。

通过对A、B两名推销员进行对比我们发现，富有魅力的产品介绍更能激发顾客的购买欲望，达成交易。那么，作为一名推销员，怎样才能让自己的产品介绍更富有吸引力，让自己的语言表达更有魅力呢？具体来看，产品介绍有四大技巧，如图9–2所示。

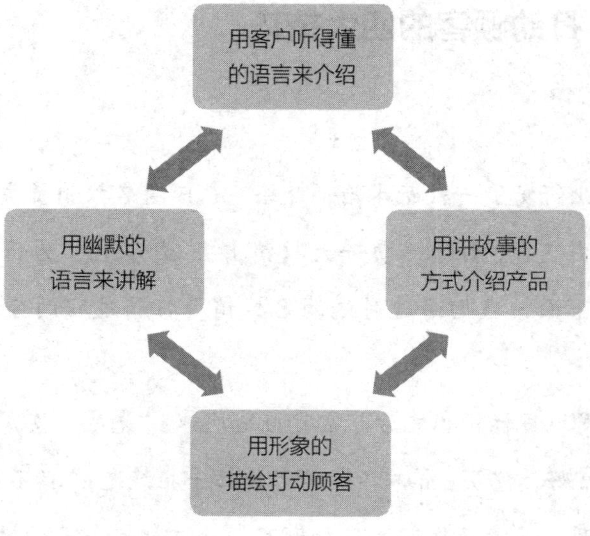

图9–2　产品介绍的四大技巧

（1）用客户听得懂的语言来介绍。

推销员要用顾客听得懂的语言向其介绍产品，产品介绍必须简洁明了，表达方式必须直截了当，不能过多地使用专业术语，否则很容易形成沟通障碍。

郭先生的公司搬入一个新的办公区，需要安装一个能够体现公司特色的邮件箱，于是咨询了一家公司，这个接听电话的业务员在了解了郭先生的需求之后，直接问道："请问您是需要安装一个CSI邮箱是吗？"CSI邮箱？这个专业词汇让郭先生一头雾水。于是郭先生继续问道："CSI是什么？是金属还是塑料？"业务员继续说道："如果您想用金属的，可以选择FDX，每个FDX可以配两个NCO。"CSI没有弄明白，又出现两个新的名词——FDX、NCO。最后，郭先生无奈地说道："有机会再联系吧！"

在上面这个案例中，我们可以清晰地看到郭先生的诉求就是一个有特色的邮箱，这名业务员在介绍产品时脱口而出的几个代码，对于业内人士来说可能非常容易理解，但对于行业外的顾客，这几个不明含义的代码足以将其拒之门外。所以，郭先生毫不犹豫地挂断了电话，这名业务员就这样失去了一次成交的机会。

虽然在产品介绍中添加一些专有名词会让推销员看起来更专业，但专业名词过多会加大顾客的理解难度，让顾客放弃交流，失去交易机会。所以，对于推销人员来说，用顾客能够理解的语言介绍产品非常重要，即便要体现自己的专业度，也要在此基础上适当地添加专有名词，并附带解释，帮助顾客理解。

（2）用讲故事的方式介绍产品。

没有人不喜欢听故事，如果推销员可以用讲故事的方式介绍产品，一定能取得极好的效果。例如，王女士想买一台冰箱，来到海尔专柜，询问销售员，“你们的冰箱质量有保障吗？”销售员没有向王女士介绍他们的售后政策，反而跟王女士讲述了张瑞敏上任时砸冰箱的故事，而后说道：“虽然张总砸冰箱的故事比较久远，但从那时起，保证产品质量这个观念就已经渗透到了每一位海尔人的血液里，所以，海尔冰箱的质量您放心，我们有非常完善的售后服务，比如……”。王女士没有想到自己会得到这样一个回答，立即决定购买一台海尔冰箱。

任何商品都有非常有趣的话题，发明、生产、卖点等，只要销售人员深入挖掘，就能发现有趣的故事点，进而将其组织成故事，用来辅助产品销售。通过“讲故事”这种有趣的方式介绍产品，不仅可以吸引顾客，还能激发顾客的兴趣，刺激顾客做出购买决策。

（3）用形象的描绘打动顾客。

作为一名推销员，产品介绍一定要打动顾客，而最有效的方式就是形象地描绘产品。例如，黎小姐和朋友去逛街试了一件毛衣，虽然上身效果非常好，但黎小姐因没有购物计划想放弃，正在黎小姐犹豫的时候，导购员说了一句话：“这件衣服太适合您了，完全成全了您的美。”“成全了您的美”——一句话打动了黎小姐。最终，黎小姐为这件毛衣以及这句令她感动的话买单了。

所以，对于推销员来说，如何用一句形象的描述打动顾客，让顾客放下所有的顾虑做出购买决策，是一个永恒的论题。

（4）用幽默的语言来讲解。

幽默风趣的人总是备受喜爱，没有人喜欢和死气沉沉的人交谈。作为一名推销员，开朗、健谈是基本要求，幽默则是加分项。一名幽默的推销员更容易获得顾客的好感与信任，促成交易。

蔡先生要买一份保险，咨询了不同公司的两名业务员。在询问理赔速度时，A业务员说："80%的情况下，公司会在意外发生当天经支票送到投保人手中。"B业务员说："我们公司的理赔速度非常快，假如有一位顾客不小心从楼梯上跌倒，在他还没落地的时候，我们就已经将赔付的支票送到他手上了。"

虽然B业务员的话有些夸张，但蔡先生最终还是选择了B业务员介绍的保险。

在销售领域，幽默可以说是一把走向成功的金钥匙，具有极强的说服力与感染力，可以迅速赢得顾客的好感与信任，让顾客会心一笑，然后产生购买冲动，进而达成交易。

综上所述，一名说话富有魅力的推销员对顾客的吸引力无法想象。所以，一名推销员要想打动顾客，在短短几分钟内获得顾客的好感与信任，将语言艺术融入自己的产品介绍，培养自己的语言魅力至关重要。

上门推销，不得不知的六宜六忌

李纳是一名家居用品推销员。一次，李纳应公司安排到一位客户家中推销一款净水机。在敲开门之后，李纳发现是一位年轻的妈妈，从门口可以看见客厅里有一辆婴儿车，还有一些婴儿用品。于是，他礼貌地说道："女士您好，我是××公司的推销员，我们公司推出了一款新型净水机，我看您家里有孩子，不知道孩子的日常用水是怎么解决的？您也知道，现在的水质有些问题，直接给孩子饮用不太好。"

本来，这位女士听到这是一位推销员就想拒绝，但听到他和自己聊起孩子的日常用水问题，还是忍不住作了回应。"没错，现在的水质实在太差，根本不敢给孩子饮用。现在宝宝的水都是网购的婴幼儿专用水。”

“是的，婴幼儿专用水要相对安全一些，但价格也相对较高。虽然孩子的用水量比较少，但一个月也要花费不少吧？”

听到这个问题，这位女士将手从门锁上放下，调整了一下身体姿态，说道：“没错，虽然孩子一个月用不了多少水，但婴幼儿专用水的价格要比普通桶装水贵很多，但为了孩子的健康，不得不买。”

“是，孩子的健康比什么都重要。其实，我们公司新研发的这款净水机就是专门解决水质问题的，它和传统的净水机不一样，净化之后的水完全可以达到婴幼儿饮用标准。虽然这台机器的价格比一桶婴幼儿专用水贵一些，但长久来看，还是这台机器更实惠。如果您愿意，我可以当场给您做个试验，保证净化之后的水与婴幼儿专用水没有任何区别。”看到这位女士放下了戒备，李纳趁热打铁地说道。

这位女士思考了一下，说道：“既然这样，那你进来吧。家里比较乱，你别见怪。”

李纳连忙说道：“不会不会，家里有了孩子一切都显得更加温馨了。”进门之前，李纳还不忘穿上鞋套，这一动作更加赢得了这位女士的好感。

在女士的帮助下，在家人的见证下，李纳在客厅做了一个水质净化实验，用专业的设备对净化之后的水做了检测，将检测结果与婴幼儿专用水的检测结果进行对比，二者相差无几。最终，经过与家人商议，这位女士订购了一台净水机。就这样，李纳不仅成功地敲开了客户的门，而且成功地做成了一笔交易。

通过这个案例可以看出，上门推销最重要的就是取得顾客信任，而取得顾客信任最好的方式就是对顾客表示关怀，对其家人表示关心，然后说明自己推销的产品与其未来美好生活密切相关。如果能让顾客认识到这一点，成交的概率就会大幅提升。

◆ 上门推销的优点

相对于电话推销、网络推销来说，上门推销方便了推销员与顾客直接接触与交谈，根据顾客的具体情况调整自己的话术，促成交易。当然，这并不代表上门推销一定可以达成交易，但至少可以给顾客留下一个好印象，让顾客产生需求时可以率先想到自己。具体来看，推销员上门推销有很多好处，主要表现在以下五个方面：

- 给顾客留下一个好印象，让顾客从自身形象推导出公司形象，让顾客将对自己的信任延伸为对公司及产品的信任。
- 上门推销为推销员达成交易提供了机会。
- 上门推销为推销员纠正顾客对公司及产品的错误认知提供了机会。
- 上门推销为推销员随时回答顾客提问提供了方便。
- 上门推销让推销员可以从顾客那里得到明确的交易信息，或预定，或预租，或立即订购。

◆ 上门推销六宜

上门推销虽然有很多优点，但绝大多数顾客都非常反感上门推销，对推销员有诸多防备。为了让顾客卸下防备，促成交易，推销员必须了解上门推销可以做什么，不可以做什么。我们将上门推销适宜做的六件事总结如下（见图 9–3）：

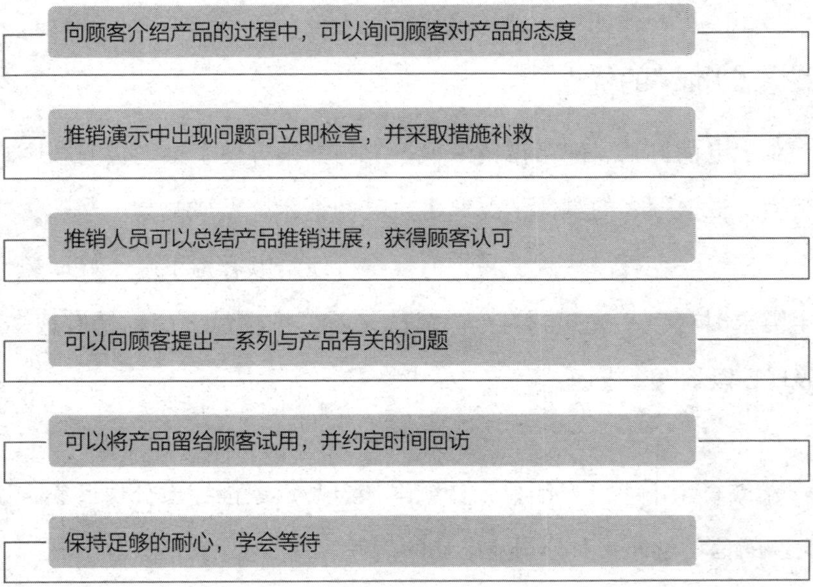

图 9–3　上门推销的六宜

（1）推销人员在向顾客介绍产品的过程中，可以询问顾客对产品的态度，例如“您觉得这款产品怎么样？”“有哪些功能是您喜欢的，有哪些功能是您不能接受的？”根据顾客的回答采取有针对性的措施，提高顾客对产品的接受度。

（2）如果在推销演示中出现问题，推销人员可以立即进行检查，并采取一些措施进行补救，让顾客接受产品。假设在上述案例中，推销员在演示如何净化水的过程中发现净水机无法运转，可以立即检查，是没有通电还是安装不当，并向顾客做出合理的解释，打消顾客的疑虑。

（3）在上门推销的过程中，推销人员可以总结产品推销进展，让顾客意识到这款产品可以满足其需求，解决当下面临的问题，让顾客认可并接受产品。例如，推销员可以说：“现在，我们这款产品在全国的销量已经达到

了 ××，顾客好评度非常高，您可以体验一下……”

（4）在上门推销的过程中，推销员可以向顾客提出一系列与产品有关的问题，请顾客回答，与顾客达成共识。例如，在为顾客演示净水机如何净化自来水的过程中，推销员可以不断地向顾客提问，如“您看，经过过滤的水的 PH 酸碱度是不是有了很大改善？”“您可以闻一下，过滤之后的水是不是没有了氯物质刺鼻的味道？”因为这些结果都是事实，顾客肯定会回答“是，没错”。这样一来，推销员就与顾客达成了共识，之后说服顾客购买也就变得更加容易。

（5）在上门推销过程中，推销员可以将介绍过并获得顾客认可的产品留给顾客试用，并约定好时间进行回访。假设推销员向顾客介绍了一套化妆品，因为价格问题，顾客迟迟无法做出购买决定，推销员可以留下一套样品，与顾客达成约定：“这样吧，我送您一套样品，您先试用一周，如果您觉得好，一周后我再来，您可以购买正装，您看这样可以吗？”免费得到一套样品，90% 以上的顾客会同意这个约定。

（6）在上门推销过程中，推销人员必须保持足够的耐心，要学会等待。在等待的过程中，推销人员要频繁地与顾客接触，不断总结与顾客达成共识的过程，用时间与耐心促成更多交易。

◆ 上门推销的六大禁忌

上门推销本就不易，为了保证上门推销能够成功，推销人员切忌做以下六件事，具体如图 9-4 所示。

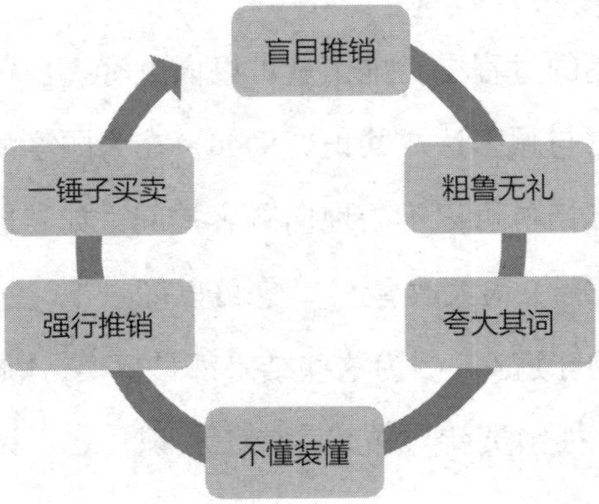

图 9-4　上门推销的六大禁忌

（1）盲目推销。

任何商品与服务都有目标用户群体。所以，推销人员在上门推销时必须精心挑选推销对象，把握销售时机，因为不同年龄、不同职业、不同收入的群体有不同的需求。例如，一台售价上千元的净水机，对生活品质有较高要求的中高收入群体可能会接受，刚毕业的大学生绝对不会购买。

某些产品可以根据功能找到目标用户群体，但有些产品的使用者与购买者分离，如保健品、健身器材等。在这种情况下，在上门推销之前，推销人员要围绕产品进行调查研究，明确推销对象，谁掌握着决策权，谁会对最终购买决策产生影响，让整个推销过程做到有的放矢。

（2）粗鲁无礼。

推销人员上门推销必须懂礼节、有礼貌，给顾客留下良好的第一印象。

首先，推销人员必须穿戴整齐，最好着正装，服装款式与颜色和谐大方，头发整齐，不留胡须，指甲干净，面带微笑。

其次，来到顾客门前要礼貌敲门，顾客打开门后礼貌问好，并做自我介绍，得到顾客允许之后才能进入。如果可以，请为自己准备一副鞋套，进门前套在鞋上，以表示对顾客的尊重。

最后，推销人员对顾客的称谓必须得体，“女士或者先生”“阿姨或者叔叔”等。顾客开门后，要热情地向顾客打招呼，拉近与顾客的心理距离。

（3）夸大其词。

推销员上门向顾客推销商品应实事求是，切忌夸大其词。否则，顾客一旦发现产品存在瑕疵就会失去对你的信任，将你拒之门外。例如，某推销员上门推销一款保健品，向顾客介绍这款产品“世界首创，包治百病”，一定会受到顾客的质疑，被顾客视为“骗子”。

实践证明，在上门推销的过程中，要想激发顾客对产品的兴趣，必须让他们信任商品的质量，了解这款产品会给他们带来哪些好处。为了增进顾客对产品的了解，推销人员可以边介绍边演示，列举一些有说服力的证据。例如，推销净水机，可以当场为顾客演示净水过程，让顾客看到净化结果；如果推销油污清洗剂，可以在得到顾客允许后走进厨房，为顾客演示这款产品的清洁效果，用事实说服顾客，促成交易。

（4）不懂装懂。

在上门推销之前，推销员必须对产品进行全方位了解，以便更好地应对顾客提出的各种问题。如果顾客提出一个无法解答的问题，推销员应坦率承认自己的不足，切忌用“大概”“可能”“也许”“差不多”等话搪塞顾客。如果顾客是这方面的专家，推销员应虚心请教，并对对方表示赞美与感谢。例如，“这个问题我真的不懂，非常感谢您的指导，为了表示感谢，我送您一个产品小样，您如果用得好，可以打这个电话联系我，我给您送货上门！”

坦率承认自己的不足可以给顾客留下诚实可靠的好印象，如果不懂装懂，不仅不利于推销工作的开展，还有可能产生严重后果。例如，一位推销员上门推销一款化妆品，在顾客询问这款化妆品适合什么肤质时，推销员胡乱说道：“这款产品使用的是纯天然成分，什么肤质都可以使用。”顾客听信推销员的话购买了一套，使用的第二天就满脸起痘，去医院检查是化妆品过敏所致。于是，顾客将这名推销员告上法庭，最后公司赔付了一大笔医药费，这名推销员也因此丢了工作。

（5）强行推销。

推销员必须铭记一点：一切交易都必须建立在顾客自愿的基础之上。一些推销员为了提升自己的销售业绩，在敲开顾客的门之后软磨硬泡，甚至以欺骗的方式向顾客销售产品。这种做法不仅违背了商业道德，而且严重损害了顾客利益，最终只能是作茧自缚。

例如，小王非常善于在亲朋好友中间推销保健品，一些朋友碍于情面购买了一些，但抵不住小王一而再、再而三地推销，纷纷开始回避小王。最终，小王不仅失去了顾客，还失去了朋友的信任，得不偿失。

（6）一锤子买卖。

推销员要提高销售业绩，最好的方式就是不断拓展人际关系，建立自己的销售网络，加强与巩固已有的推销点，密切与现有顾客的关系。对于新入门的推销员来说，上门推销很难一次成功，所以，推销员要经常拜访老顾客，增进与老顾客的情感交流，将其发展为自己的忠实顾客，引导他们为自己介绍新顾客。对于购买了产品的顾客，推销员要定期回访，切忌一锤子买卖，没有任何售后服务，成交一笔就代表失去一名顾客。

精彩开场，让顾客保持通话

对于很多销售人员来说，电话销售是难度最大的一种销售方式。一方面因为无法与顾客面对面交流；另一方面因为诈骗电话、推销电话过多，顾客接到推销电话的第一反应就是拒绝、挂断。所以，对于电话推销人员来说，如何开场吸引顾客，让顾客保持通话是一大难题。

◆ 电话营销的步骤

一般情况下，一次成功的电话推销往往需要遵循以下步骤（见图 9-5）：

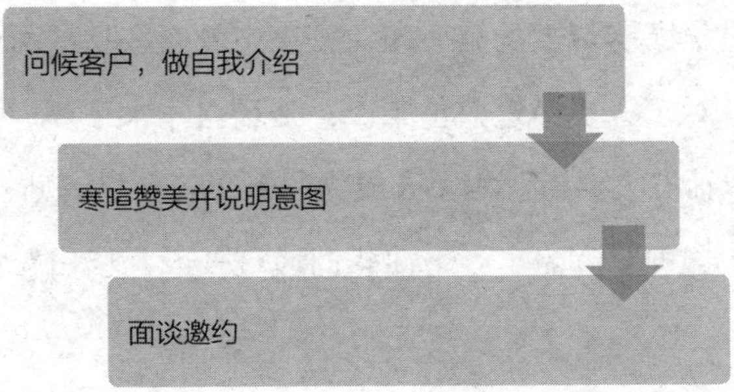

图 9-5　电话营销的三大步骤

（1）问候客户，做自我介绍。电话接通后，销售人员要先向客户问好，例如：“您好，请问是 ×× 先生吗？”如果对方做出回应说：“你好”，就可以顺势自我介绍道：“您好，我是 ×× 公司的业务员，想借这个机会咨询一下您对目前我市空气质量的感受，能否占用您 2 分钟的时间呢？”在电话推销的过程中，开场必须热情、有礼貌，只有这样，才有可能得到对方有礼貌的回复。

（2）寒暄赞美并说明意图。如果对方同意并做出回答，你可以继续说道：“是这样，最近的空气质量确实比较差，我们公司新推出一款空气净化器，净化功能非常强大，您如果有兴趣的话我可以跟您详细介绍一下。”

（3）面谈邀约。如果对方以忙碌为由拒绝或者在听完你的产品介绍之后拒绝，不要急着挂断电话，可以向客户发起面谈邀约。例如：“没关系，×× 先生。这个周六我们公司在 ×× 广场举办线下促销活动，如果您有时间可以亲自来体验一下。”如果顾客有这类购物需求，极有可能同意参加线下促销活动。相对于电话促销来说，在线下促销活动中与顾客面对面交谈更容易说服顾客做出购物决策，达成交易。

◆ 电话销售技巧开场白

在与顾客通话的前30秒，电话销售人员对顾客所说的话就是开场白，这是电话销售人员给顾客留下的第一印象，决定着顾客是挂断电话还是保持通话。由此可见，对于电话销售人员来说，开场白非常重要。一般来讲，电话销售的开场白包括五大要素：相关人或物的阐明、自我引见、确认对方时间、打电话的目的、探询对方需求。下面我们通过一段开场白对这五大关键要素进行具体分析。

“您好，我是新东方英语的胡老师，请问您是×××的家长吗？是这样的，您的孩子在暑假期间参加了我们新高三的英语培训课程，我们现在做个回访。开学已经有两个月了，孩子的英语成绩有没有提升呢？”在得到家长回复之后，胡老师继续说道：“英语学习讲究持之以恒，孩子还是要根据老师总结的技巧多练习。如果孩子在平常学习过程中遇到什么问题，也可以联系我们的老师，老师会免费提供辅导，这是我们的责任。其实，今天给您打电话还有另外一个目的，我们新一期的高三冲刺班马上就要开课了，老师依然会针对孩子的具体情况进行辅导，帮助孩子在最后这几个月最大限度地提升成绩，如果您有意愿的话，现在就可以报名了。”

在上面这段开场白中，因为已经与顾客有过密切接触（曾经接待顾客报名参加培训班），所以胡老师直接开门见山，做了自我介绍——“我是新东方英语的胡老师”，然后说出自己的目的——“做一个回访，询问孩子最近的学习情况”。对于接到电话的家长来说，这个要求是他无法拒绝的，通话可以非常自然地继续下去。在得到家长的回复之后，胡老师开启了这通电话最重要的目的——推销英语课程，“新一期的高三冲刺班马上开课了，您是否有意向参加？”整个过程衔接得非常自然、流畅，不仅不会引起顾客的反感，还有可能得到用户的好评。

◆ 优秀的开场白要达到的三个效果

（1）吸引客户的注意力。

在电话营销中，开场白要达到的一个目的就是吸引对方注意，引起对方的兴趣，让对方保持通话。为达到这一目的，可采取以下三种比较有效的方法（见图 9–6）：

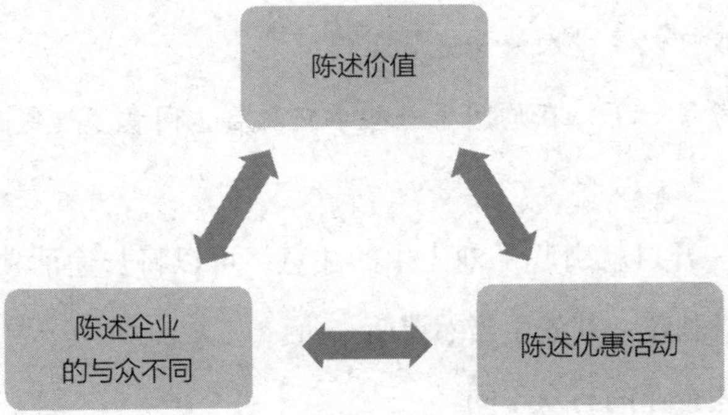

图 9–6　开场白吸引注意力的三种方法

第一，陈述价值。

陈述价值是最常用的方法。这里所说的价值就是要让顾客明白你能帮他解决什么问题，带来什么好处。研究证明，在营销场景下，价值是最能吸引顾客注意的要素。陈述价值看似简单，实则不易。作为电话销售人员，在向顾客陈述价值之前，必须对所销售的产品与服务的价值进行深度剖析，还要了解顾客的需求痛点，分析这款产品或服务能给顾客带来什么价值。因为对于不同的顾客来说，同一款产品与服务所产生的价值也不同。

第二，陈述优惠活动。

另外，研究发现，在电话销售场景下，对顾客最有吸引力的一种方法就是推销优惠活动，例如：

“刘先生，您好，我是 ×× 公司的业务代表，我们了解到您每个月的长途话费都比较高，如果我们能将您的长途话费降低一半，您是否有兴趣了解一下呢？”

客户回答道：“当然，你有什么办法呢？”

业务代表继续说道：“我们公司推出一项 IP 卡促销活动，您购买一款 500 元的 IP 电话卡，我们送您 400 元的话费，基本上就节省了一半的长途话费。如果您需要，我可以安排人给您送货上门。”

刘先生思考了一下，在询问了一些事宜之后，同意了这笔交易。

业务代表一开口就引起了刘先生的注意，可以将长途话费降低一半，关系到自己的切身利益，刘先生当然要听一听。

第三，陈述企业的与众不同。

为了增强自己的说服力，电话销售人员可以在电话接通之后先介绍自己的公司，例如，“您好，王女士，我是 ×× 公司的业务代表，我们公司是目前国内唯一一家 ×××× 公司，或者我们公司是目前国内最大的 ×××× 公司。”

还可以谈及服务过的同行业企业，例如，“最近我们刚刚为 ××××× 公司提供了服务，帮助其将经营业绩提升了 20%。所以，我觉得我们这项服务对贵公司也能有所帮助。”

引起对方对某些事情的共鸣，例如，“很多人都认为电话推销是一种非常有效的推销方式，不知道您怎么看？”

总而言之，电话营销就是用声音吸引对方，用话题留住对方，尽量延长通话时间，提高说服成功的概率。

（2）建立融洽的关系。

在电话销售过程中，销售人员要想方设法与顾客建立融洽的关系。为此，销售人员需要注意两点，一是声音要有感染力，二是学会使用礼貌用语。建立融洽关系的两种方式如图 9–7 所示。

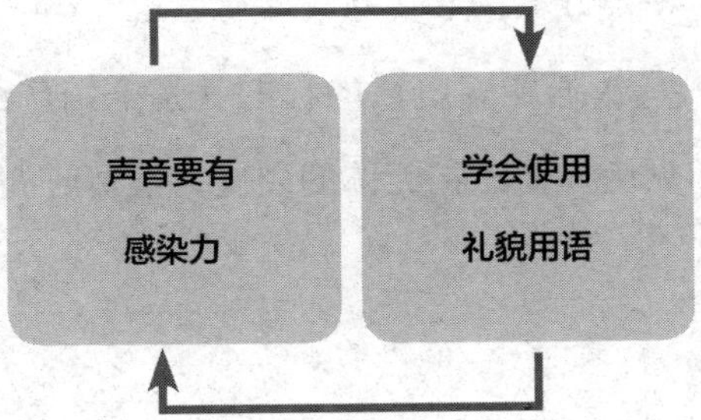

图 9–7 建立融洽关系的两种方式

下面我们来看两个开场白案例：

案例 1

销售人员在电话接通之后说道：“您好，请问是王女士吗？我是 ×× 公司的业务代表，请问您现在方便接听电话吗？我们公司现在推出了一项优惠活动……”销售人员的话还没说完，就听到王女士说：“不好意思，我现在不太方便”，然后就听到了电话挂断的嘟嘟声。

案例 2

销售人员在电话接通之后说道：“您好，请问是王女士吗？我是 ×× 公司的业务代表，不好意思，这个时候打电话给您，因为我们公司新推出一项优惠活动，我们了解到您曾经购买过同类产品……”听到销售人员的话，王女士没有立即挂断电话，而是和销售人员交谈了几句，最终委婉地表示了拒绝。

虽然两个案例都没有成功，但案例 2 中销售人员的做法明显赢得了王女士的好感，而且两人顺畅地做了一番交谈。可见，对于电话销售人员来说，只掌握礼貌用语是不够的，还必须掌握表达技巧，展现自己的声音魅力，让对方无法拒绝。

（3）与所销售的产品联系起来。

如果电话销售人员拨通顾客电话的目的就是推销产品，这种开场白方式是非常合适的。开门见山，避免在无谓的周旋上浪费时间。

“您好，李经理，我是 ×× 公司的业务代表 ×××，不好意思现在打电话给您。是这样，我们了解到您是 ×× 公司技术部门的负责人，我们公司最近推出一项电脑促销活动，价格十分优惠，如果贵公司最近需要采购电脑的话，这个活动可能对您有所帮助。不如我先简单地向您介绍一下我们这次活动？”

如果李经理的公司确实有这方面的需求，他会回答“好”，那么你就可以继续说下去；如果李经理的公司最近没有这方面的需求，他会果断拒绝，那么你就可以说：“好的，谢谢您的接听，如果将来有需要可以随时联系我，一定给您最大力度的优惠。”

需要注意的是，对于电话销售人员来说，目的不同，面向的目标顾客不同，所使用的开场白也应有所区别。在实际场景中，电话销售人员应根据自己所处的行业、电话销售目的有针对性地设计开场白，有效地吸引顾客，让顾客保持通话。

即时沟通，用网络黏住“你我”

随着互联网发展速度越来越快，电商开始迅猛发展。一方面，电商消费群体的规模越来越大；另一方面，电商行业的创业者越来越多。对于这些商家来说，要想达成交易，不仅要在商品详情页全方位地展示自己的商品，还要做好与顾客的交流与沟通，及时解决顾客的问题，这一点非常重要。具体来看，网络销售主要分两步进行：

第一步：营销与推广。推广的目的就是让更多消费者了解到商家信息、商品信息，达到一定的覆盖率。而营销的目的是在既定覆盖率的情况下达到一定的销量或销售额。至于营销与推广方法，暂时不做讨论，下面我们来看网络销售的第二步——如何与顾客沟通。

第二步：与顾客沟通。在网络营销场景中，与顾客沟通非常重要。有的时候，一些简单的对话或咨询就能直接决定顾客是否下单购买。所以，在与顾客沟通的过程中，网络营销人员要掌握一些技巧，网络营销的三大沟通技巧如图 9–8 所示。

图 9–8　网络营销的三大沟通技巧

◆沟通中多用感叹词

在与顾客面对面交流的过程中，销售人员可以通过表情、动作、语气等了解顾客的心理变化，感知对方的喜怒哀乐，在对方表现出购物意愿时主动引导成交。但在网络环境中，销售人员只能通过屏幕、文字与顾客沟通，如果仍采用日常交流方式，很难获得较好的结果。举个例子：

顾客问："你好，请问这件衣服有蓝色吗？"

客服答："没有。"

顾客问："那请问这件衣服可以再便宜一点吗？"

客服答："已经是最低价格了，不能再便宜了。"

如果是在日常销售场景中，上述两段对话没有太多问题，但在网络销售场景中，如果顾客心情舒畅，可能会忽略不计，而且有可能因为太喜欢这款产品而下单购买。如果顾客心情比较差，可能会因为客服的这两句话心生不满，认为客服态度冷淡，没有用心沟通，进而转向其他店铺购买。

在网络销售场景中，这种情况非常常见。那么网络销售人员应该怎样解决这个问题呢？最简单的方法就是在与顾客沟通的过程中加入一些感叹词，例如"啊""呀""呢""啦""嗯"等。另外，在各大电商平台中，客服在与消费者沟通的过程中使用频率最高、最容易拉近双方距离的词就是"亲"，例如：

顾客问："你好，请问这件衣服有蓝色吗？"

客服答："亲，您好，这件衣服没有蓝色噢，白色也非常好看呢！"

顾客问："那请问这件衣服可以再便宜一点吗？"

客服答："亲，已经是最低价格了，不能再便宜了哦！"

相对于之前的回答来说，这种回答增添了一些感情色彩，虽然很难产生面对面交流的亲近感，但可以在一定程度上让顾客卸下防备，拉近与顾客的距离，提高交易达成的概率。

◆沟通中多使用表情

在网络销售场景中，无论客服人员使用哪种工具与顾客沟通，如微信、QQ、TM、旺旺等，都有一个聊天表情库可以使用。在与顾客交流的过程中，客服人员可以添加一些表情辅助表达，获得顾客的好感。需要注意的是，客服人员使用的表情必须符合当下的交流情境，而且必须雅观、适量，不能每句回复都使用表情，否则很容易引起顾客的反感，甚至会影响顾客对其的评价。

◆沟通中多使用“勾引法”

在网络销售中，营销人员可能会遇到一些想购买但是还无法决定在哪里购买的顾客。对于商家来说，这类顾客就是潜在顾客。为了吸引这类顾客到店消费，客服人员在与其沟通的过程中可以给予一些“刺激”。例如，客服在与顾客交流过程中发现顾客的购买欲望比较强烈，可以尝试饥饿营销，对顾客说:“亲，这件商品库存不多了哦，如果喜欢的话就赶紧下单吧！”或者“亲，这款商品正在促销，现在下单有小礼品赠送哦！”很多时候，在这些话语的刺激下，顾客就会下单购买。但在使用这种方法时要注意时机和频率，时机不对很难产生刺激转化，频率过高也会引起客户厌烦。

有些客户在咨询时可能并没有购买意愿，对于这类客户，客服人员可以先了解其购物意向，然后有针对性地向其推荐商品，刺激其产生购买冲动。无论采用何种方式与顾客沟通，网络营销人员必须谨记一点：顾客永远不喜欢被命令。营销人员可以提出建议，但不要强制购买，必须充分尊重顾客的自主选择权，让顾客买到称心如意的商品。

保持微笑，灵活应对顾客拒绝

小郭是一家公司的业务员，负责推销智能扫地机器人。一次，小郭到某小区上门推销，遇到王女士。

“您好，我是 ×× 公司的业务员郭 ××。不知道您怎么称呼？”

“噢，我姓王。”

“王女士您好！我们公司最新生产了一款智能扫地机器人，可以最大限度解放您的双手。您看，你平常上班也挺辛苦的。有了这款扫地机器人，您上班回来就可以多休息休息。”

“这款产品的目的挺好，但我听说这类产品的使用效果都不太好。”王女士拒绝道。

“我们这款产品采用了最新的视觉识别技术，和传统的扫地机器人不一样。我带来一个样品，您可以亲自体验一下！”

“那好吧，你进来吧！”王女士打开门，让小郭进去。经过一番试用，王女士对扫地机器人的清洁能力表示了肯定，然后问道：“这款机器人的能力确实不错，就是不知道价格怎么样？”

小王说道：“我们正常售价是 1399 元，但今天是上门推销，我可以给您一个最低的折扣，999 元，这个价格非常划算了。”

听到价格，王女士再次拒绝道：“这么贵，算了，不买了。”

小王坚持说道：“的确，这款产品确实不太便宜，但是却很实用，您可以考虑一下。就在刚才，三楼一位女士和五楼一位男士都购买了，这里还有开单记录呢！而且之前的销售情况也不错，好评率非常高呢！”

听到这句话，王女士犹豫地说道：“那我考虑考虑吧，你可以给我一张名片，如果我有这方面的需求再联系你！”

在推销过程中，遭到顾客拒绝可谓家常便饭，面对这种情况，推销人员如何应对才能让推销过程继续下去，改变顾客的意愿最终达成交易呢？在上述案例中，小郭采用了举例法，告诉王女士有邻居已经购买了他的产品，而且产品过去的销量及评价都非常好，物有所值。在这种情况下，王女士的态度有所缓和，同意再考虑考虑，并留下了小郭的名片。虽然这次交易没有达成，如果小郭再次上门推销，王女士很可能改变之前的决定，购买一台智能扫地机器人。

作为销售人员，如果无法灵活应对顾客的拒绝，不仅很难达成交易，还有可能备受压力，退出这个行业。在探讨应对顾客拒绝的具体方法之前，我们先了解一下处理顾客拒绝的原则。

◆ 处理顾客拒绝的原则

顾客拒绝并非坏事，有可能是达成交易的先兆，只要销售人员采用合适的方法对其进行有效处理。具体来看，处理顾客拒绝需遵循的五大原则如图 9-9 所示。

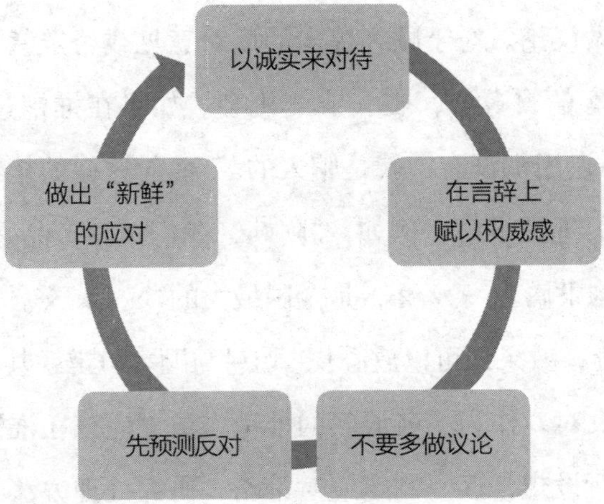

图 9-9　处理顾客拒绝需遵循的五大原则

（1）以诚实来对待。在顾客表示拒绝时，只有真心实意的话语才能打动顾客，让顾客改变决定，答应购买。例如，在王女士质疑智能扫地机器人的性能时，小郭说道："没错，之前因为各项技术都不成熟，智能扫地机器人可能会在家里四处碰壁，遗漏一些区域，甚至不受控制。在我们之前的产品中，这些情况都出现过。所以，我们的研发人员专门针对这些问题研发了这款产品，使用了各个领域最新的技术成果，功能与性能比之前有了很大改善，这一点您可以放心。"坦然承认之前产品的不足，比强行辩解更容易获得好感。

（2）在言辞上赋以权威感。在推销之前，推销人员要对产品进行全面了解，了解其优点、卖点，在语言上形成权威感，利用这种权威感说服顾客。例如，在王女士以产品价格高表示拒绝的时候，小郭说道："不瞒您说，就在刚刚，三楼的李女士购买了这款产品，因为她在朋友家见到过，但那个价格要比咱们今天的价格高很多，李女士觉得非常划算。其实这个价格已经非常优惠了，如果不信的话您可以上网查一下，我保证同样性能与功能的产品，我给您说的价格一定是最低的。"全网最低价，这是小郭公司通过调查打造的一个卖点，所以在推销过程中，小郭可以非常自信地让顾客查询商品价格，用这种态度"震慑"顾客。

（3）不要多做议论。对于顾客提出的反对意见或否定意见不要过多地议论，以免伤害顾客的自尊心，丧失成交机会。如果在推销过程中，顾客说："你们这款产品一点用都没有，就是骗人的。"面对这样的拒绝，推销员一定要保持心态平和，理性辩解，例如，"阿姨，我们这款产品是 ×××× 机构研发的，这家机构隶属 ××××，是全国最大的 ××××。产品上市之前经过了多轮试验验证，效果您可以放心！"切忌与顾客争辩，甚至争吵。

（4）先预测反对。作为一名成熟的推销人员，应该在推销之前对顾客可能拒绝的理由进行设想，逐一制定应对策略，研究处理方法与相关话术，以免在遭到顾客拒绝时惊慌失措。例如在上述案例中，小郭在推销之前就对顾客可能拒绝的理由做了设想，如价格高、产品性能差等，提前想好了应对策略，所以才能在王女士提出质疑时流畅地应对。

（5）做出“新鲜”的应对。顾客拒绝一定有其理由，尤其是在技术快速更迭的今天，面对顾客的拒绝，销售人员必须用新信息、新材料来应对，例如，“我们这款产品采用了最新的视觉识别技术，和传统的扫地机器人不一样。”用新技术说服顾客。

◆ 拒绝的对应技巧

掌握了应对顾客拒绝的原则之后，推销员可以采用哪些技巧应对顾客的拒绝呢？具体方法如图 9-10 所示。

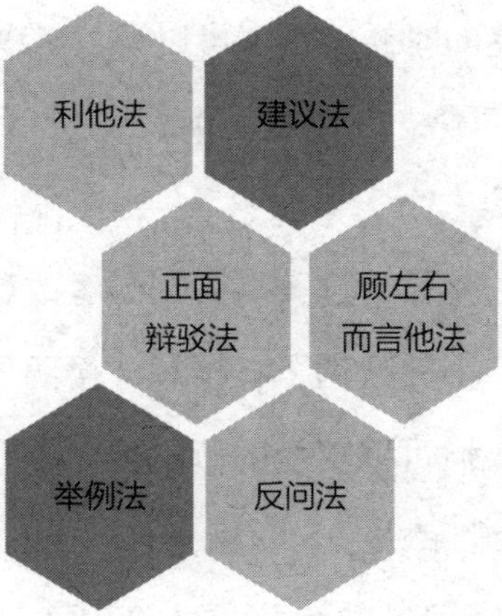

图 9-10　应对顾客拒绝的六大方法

（1）利他法。利他法就是利用顾客喜欢占便宜的心理，提及相关利益。例如，“现在正值一年一度的店庆，给您的价格在活动促销价的基础上又打了九折，已经非常优惠了。您搜遍全网都不会有这么优惠的价格，而且类似的活动我们每年只举办一次，错过真的要等明年了。”通过价格优惠说服顾客改变决策。

（2）建议法。建议法就是向客户提出建议，供客户参考，改变顾客的决定。例如，在王女士因为价格高拒绝购买之后，小郭可以这样应对："没关系，王女士，如果您预算不多的话，我们公司支持分期付款，每个月花不了多少钱，绝对不会超过您的预算。我可以帮您计算一下……"如果公司支持12个月分期付款，999元分摊到每个月确实没有多少钱，王女士极有可能为此改变决定。

（3）正面辩驳法。如果顾客的拒绝存在明显错误，推销人员可以正面辩驳，并给出最有利的证据。例如，某顾客因为车子引擎声音小拒绝购买，销售人员可以直接表示："先生，您一定是搞错了，大家都认为汽车的引擎声越小越好。"

（4）顾左右而言他法。简单来说，这种方法就是转移话题，例如，在王女士因为产品价格高拒绝的时候，小郭可以说："您太爱开玩笑了，您看您家里的电视、音响、冰箱，哪一件不是高级品呢？这台智能扫地机器人的价格对您来说肯定不是问题。"

（5）举例法。举例法就是通过案例说服顾客改变决定。例如，在上述案例中，在王女士拒绝时，小郭列举了三楼和五楼两位顾客的例子，向王女士证明这款产品的价格在人们可以接受的范围内。需要注意的是，举例法使用的案例必须真实，否则会彻底失去成交机会。

（6）反问法。反问法就是针对顾客的问题进行反问。其实，反问是肯定某些观点，不是问。例如，在王女士以预算不足为由拒绝小郭的推销之后，小郭可以反问："您有多少预算呢？您可以说出来我们再商量商量。"一般情况下，顾客会做出回答，推销过程就可以继续下去，为推销人员说服顾客改变决定提供机会。

第10章 优势谈判

含蓄引导，于言语中见真章

商务谈判的四种沟通习惯

从本质上看，商务谈判就是谈判双方从各自的利益点出发，相互协商、相互沟通，进而达成合作协议的过程。所以，在商务谈判过程中，谈判人员必须掌握一些常用的沟通技巧，如打岔、主导、迎合及垫子。下面通过一个案例对这四项技巧进行分析。

刘先生离开公司自主创业，正好看到××公司正在招商，于是刘先生来到公司咨询。

招商经理："刚才我根据您的投资计划对项目做了一个简单介绍，您看还有什么地方不明白，需要我详细阐述的？"

刘先生："在来你们公司之前，我也了解了一些同类型的项目。我觉得××公司的加盟条件要比你们优惠很多，你们的加盟费是8万元，他们才要5万元。”

招商经理：“是，××公司的招商条件我们也了解过，他们的价格确实便宜，但您知道他们为什么便宜吗？”

刘先生：“为什么？”

招商经理：“因为投资回报率不同啊。我们的投资回报率要比他们的投资回报率高很多。如果不考虑加盟费用，一个投资1万元回报1万元的项目和一个投资1万元回报2万元的项目，您会选择哪一个？”

刘先生：“做生意就是为了赚钱，当然要选投资回报率更高的项目了。”

招商经理：“没错，我们能保证投资回报率比他们高很多。”

刘先生：“话是这么说，但我对这个项目的信心还是不足。”

招商经理：“您刚才说您有服务行业管理经验，而且做得还不错。虽然不是一个行业，但服务管理是相同的。对您来说，有多年积累的经验做基础，再加上我们的政策扶持，肯定没问题。而且，对于公司来说，客户是否有经验也是我们的招商条件之一。您也知道，做一个品牌有多难，我们不能毫无选择，让一些加盟商坏了我们的口碑。”

刘先生：“我确实懂一些管理，自己开过店，也帮朋友管理过店铺，做得都不错。而且人缘也很好，很多朋友都喜欢跟我一起做事。如果是这样的话，那我就投资几万元试一试，创业就怕瞻前顾后，对吧？”

招商经理：“您这句话说到了点子上，创业就是需要一些魄力。如果没问题的话我就把合同拿来，咱们一起看看。”

刘先生：“好。”

在上面这场小型的招商谈判中，招商经理用到了很多谈判技巧。商务谈判常用的四大技巧如图10–1所示。

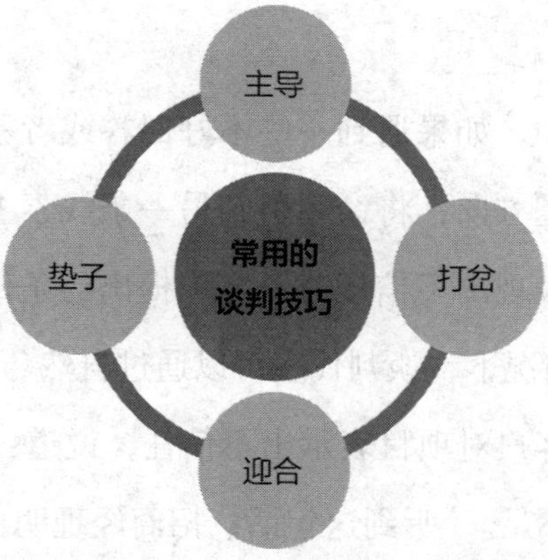

图 10-1 商务谈判常用的四大技巧

◆ 主导

在招商谈判过程中，主导是一个非常关键的技巧，指的是在商务谈判过程中，说者埋下一些诱饵，将一些没有明说的线索自然地讲出来，刺激听者产生好奇心，不断地追问，从而进入说者设下的“圈套”。这一技巧的适用范围非常广，例如，在客户追问产品细节时、在顾客将你的产品与竞争对手的产品放在一起进行比较时，都可以利用主导技巧控制话题，引导整个谈判过程向更好的方向发展。

在上述案例中，在客户对加盟费提出异议，并将其与竞争对手进行比较时，招商经理就使用了主导技巧：“是，× × 公司的招商条件我们也了解过，他们的价格确实便宜，但您知道他们为什么便宜吗？”“一个投资 1 万元回报 1 万元的项目和一个投资 1 万元回报 2 万元的项目，您会选择哪一个？”招商经理通过两个问题成功地控制了话题，并将谈判引向了对自己有利的方向。

主导的关键在于控制话题，这个过程必须张弛有度，不能步步紧逼，彻底剥夺对方的选择空间，否则很容易导致谈判失败。在主导的过程中，主导方可以灵活利用反问、追问、疑问等语言技巧，将一些没有明说的线索自然地展现出来。

◆ 打岔

在商务谈判过程中，如果遇到一些不好回答或者不能回答的问题可以使用打岔技巧，转变话题方向，将谈判引到另一条线索上去。这一技巧的适用范围非常广，如客户表现出不信任时、客户提出的条件对我们不利时、客户要求降价时，在这些情况下，谈判代表可以通过自然巧妙的打岔化解危机。

在上述案例中，客户对项目表示出不信任，说道："话是这么说，但我对这个项目的信心还是不足。"听到这句话，招商经理明白前面的项目介绍没能取得顾客的信任，于是非常巧妙地将话题引向了另外一个方向："您刚才说您有服务行业管理经验，而且做得还不错。虽然不是一个行业，但服务管理是相同的。对您来说，有多年积累的经验做基础，再加上我们的政策扶持，肯定没问题。"短短几句话就将客户对项目的信心转向了客户对自己的信心，为接下来的谈判奠定了成功的基础。

在谈判过程中，谈判代表使用打岔技巧时必须自然，要站在对方的角度提出新话题。

◆ 迎合

在商务谈判过程中，第三个沟通技巧就是迎合，也就是对对方的观点予以高度赞同，同时推动整个谈判向前发展。例如，在上述案例中，在客户说完"如果是这样的话，那我就投资几万元试一试，创业就怕瞻前顾后，对吧？"之后，招商经理立即表示赞同："您这句话说到了点子上，创业就是需要一些魄力。如果没问题的话我就把合同拿来，咱们一起看看。"从而非常自然地让谈判过程向对自己有利的方向推进。

从本质上来看，迎合就是对对方的观点进行合理解释，最常用的方法就是按照对方的观点给出例子进行佐证。如果对方说的不是观点而是事例，可以将其凝练为观点，并提升到一个新的高度，让对方感到惊叹。

◆ 垫子

在商务谈判过程中，垫子是最后一个沟通技巧，可以表现为夸奖、赞扬，消除对方的理性思考与判断，降低对方的防范意识，让对方失去抵抗能力。在上述案例中，“您这句话说到了点子上，创业就是需要一些魄力。如果没问题的话我就把合同拿来，咱们一起看看”。第一句，“您这句话说到了点子上，创业就是需要一些魄力”就是为第二句签合同铺的垫子，先肯定客户的观点，让客户卸下防备，然后引出合同，显露自己的真实目的。

在使用这一技巧时，谈判代表必须注意铺设垫子要做到承上启下，要尽量真实，不能过于虚夸。假设刘先生语言表达能力较差，甚至结巴，但谈判代表说“您口才好，天生就是做生意的材料”，一定会引起刘先生的反感。如果顺着刘先生的经历夸赞他“管理经验丰富”，就能获得刘先生的好感。

最后，我们对商务谈判过程中常用的四种沟通技巧进行了总结：在谈判过程中，谈判代表要自然且有条理地实施主导；遇到无法回答的问题要学会打岔；迎合对方要合理，而且要巧妙转向；谈判目的的达成要铺好垫子，以保证谈判可以成功。

有效沟通，打破谈判僵局

案例 1

中海油某公司欲从澳大利亚某研发公司（以下简称“C 公司”）引进“地层测试仪”，双方就该技术交易在 2000—2002 年期间举行了多次谈判。地层测试仪是石油勘探开发领域的一项核心技术，掌控在国外少数几个石油巨头公司手中，如斯伦贝谢、哈利伯顿等。它们对中国实行严格的技术封锁，不出售技术和设备，只提供服务，以此来占领中国广阔的市场，赚取高额的垄断利润。澳大利亚C公司因缺乏后续研究和开发资金，曾在2000年之前主动带着他们独立开发的、处于国际领先水平的设备来中国寻求合作，并先后在中国的渤海和南海进行现场作业，效果很好。

中方于2000年初到澳方C公司进行全面考察，对该公司的技术设备很满意，并就技术引进事宜进行正式谈判。考虑到这项技术的重要性以及公司未来发展需要，中方谈判的目标是出高价买断该技术。但C公司坚持只给中方技术使用权，允许中方制造该设备，技术专利仍掌控在自己手中。他们不同意将公司赖以生存的核心技术卖掉，委身变成中方的海外子公司或研发机构。双方巨大的分歧使谈判在一开始就陷入了僵局。

中方向C公司表明了立场之后，对谈判进行“冷处理”，回国等待。迫于资金短缺的巨大压力，C公司无法拖延谈判时间，2000—2002年，就交易条件多次找中方磋商，试图打破僵局。由于种种原因，中澳双方最终没能达成协议，谈判以失败告终。但中海油科技工作者走出了一条自力更生的技术创新之路。

案例2

云南省小龙潭发电厂，就6号机组脱硫改造项目于2002年跟丹麦史密斯穆勒公司签订了一系列脱硫改造合同，改造后检测结果显示，烟囱排放气体并未达到合同所承诺的技术指标。该电厂于2004年又与史密斯穆勒公司就此事进行交涉，要求对方进行经济赔偿。

索赔谈判前，我方在确认对方的责任方面进行了大量调研和数据收集工作。首先，咨询清华大学、北京理工大学等国内该领域的知名专家，在理论上对这一问题有了清楚认知。其次，对改造后烟囱排放气体进行采样分析及数据计算。另外，对比分析对方提供的石灰品质以及脱硫效率。根据调研结果，对照2002年原合同中的条款和参数，我方最终认定是史密斯穆勒公司的责任。

在正式的索赔谈判中，双方就责任问题各执一词，谈判出现了僵局。史密斯穆勒公司采取了“打擦边球”的策略，试图推脱责任，将赔偿金额压到最低。合同要求脱硫率是90%，脱硫率瞬间值达到了这一指标，甚至还高于90%。但我方要求的是长期值而不是瞬间值，对方试图以瞬间值逃脱责任，而我方则以平均值说明问题。我方经过长期统计，平均值仅有80%左右，远没有达到合同要求。在脱硫剂石灰上，丹麦的国家制度规定石灰原料由国家提供，而我国则由企业自己提供。史密斯穆勒公司认为，脱硫效率低是我方未提供合适的石灰造成，我方应负一定责任。

双方最终达成协议：一方面，史密斯穆勒公司派遣相关人员继续进行技术改造，另一方面，对方就无法实现的合同技术指标部分进行赔偿。

在上述案例中，谈判都曾陷入僵局，区别在于在案例2中，谈判双方经过沟通协商打破了僵局，达成了共识，让整个谈判取得了一个较好的结果，案例1中的谈判没能打破僵局，整场谈判以失败告终。

在商务谈判过程中，因为谈判双方对所谈问题的利益要求存在较大差距，而且都不愿意妥协、让步，导致两者之间出现不可调和的矛盾，形成对峙，使谈判陷入僵局的情况屡见不鲜。要想推进谈判，必须及时化解谈判僵局，否则就会使谈判以失败告终。而要想打破谈判僵局，必须先了解僵局的性质及出现的原因，对其做出正确判断，然后采取有效的沟通策略，将谈判带回正常轨道。

◆ 正确认识商务谈判僵局

谈判僵局往往是由多种因素共同作用形成的，具体来看，诱发商务谈判陷入僵局的八大原因如图10–2所示。

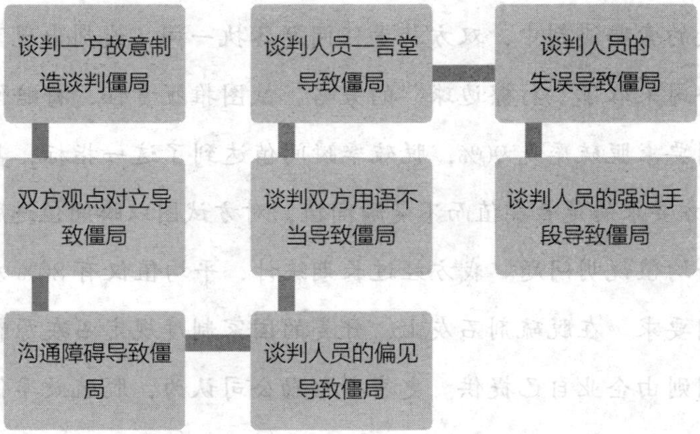

图 10-2　诱发商务谈判陷入僵局的八大原因

（1）谈判一方故意制造谈判僵局。在商务谈判过程中，谈判一方为了试探对方的决心与实力故意提出不合理的要求，扰乱视听，引发争吵，迫使对方放弃自己的谈判目标，使整个谈判过程陷入僵局。在谈判过程中，这是一种比较冒险的谈判战略，其目的在于让对方屈服，达成对己方有利的交易，或者就是想给对方制造麻烦，改变自己当前所处的不利地位，或者就是单纯地想报复对方。

（2）双方观点对立导致僵局。在讨价还价的过程中，谈判双方各执己见，导致谈判过程出现分歧。谈判双方越坚持自己的立场，双方之间的分歧就越大。在这种情况下，谈判双方的真正利益被表面的分歧掩盖，导致整个谈判过程变成了意志力的较量。随着这种分歧愈演愈烈，谈判就会出现僵局。

（3）沟通障碍导致僵局。在商务谈判过程中，谈判双方在商谈过程中可能受主观、客观原因的影响造成理解障碍，进而引发沟通障碍。因沟通障碍引发的谈判僵局在跨文化谈判中非常常见：因为双方的文化背景不同，一方的语言表述很难用另一方的语言准确地表述出来，造成误解，导致谈判陷入僵局。

（4）谈判人员的偏见导致僵局。在商务谈判过程中，谈判一方因感情因素对另一方的观点或议题产生一些不正确的看法，导致对问题产生比较片面的认知，使谈判过程陷入僵局。

（5）谈判双方用语不当导致僵局。在商务谈判过程中，谈判双方用语不当导致对方的自尊心受到伤害，更加坚持自己的立场，丝毫不愿让步，导致谈判陷入僵局。

（6）谈判人员一言堂导致僵局。商务谈判是双方处于平等地位围绕某个议题商谈的过程，如果一方过分地阐述自己的观点，不给另一方反驳与陈述的机会，就会引起对方的不满，使谈判陷入僵局。

（7）谈判人员的失误导致僵局。在商务谈判过程中，有些谈判人员想通过自我表现显示实力，导致谈判偏离主题；或者谈判者提出某些自以为独特的观点，结果令对方感到诧异；或者故意设置圈套迷惑对方，让谈判向对己方有利的方向推进，实现在平等谈判的条件下无法实现的目标。但在使用这些策略时，因为时机掌握不当或者策略运用不当，导致谈判出现僵局。

（8）谈判人员的强迫手段导致僵局。在商务谈判过程中，谈判人员经常有意或者无意地使用强迫手段导致谈判陷入僵局，尤其是在涉外商务谈判中，谈判双方不仅存在利益竞争，还要维护企业尊严或者国家尊严，越是受到威胁，立场就越坚定，也就越容易出现谈判僵局。

◆ 借助沟通打破谈判僵局

语言沟通是打破谈判僵局的秘密武器，具体方法如图 10–3 所示。

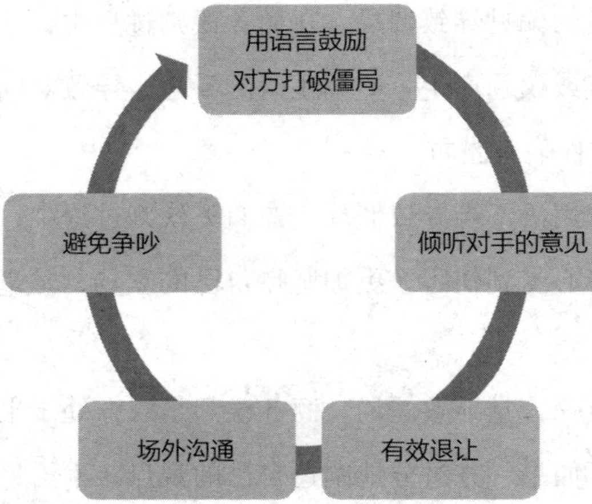

图 10-3　借助沟通打破谈判僵局的五大方法

（1）用语言鼓励对方打破僵局。

面对谈判僵局，主导方可以尝试用语言鼓励对方，例如，“看，很多问题都已经解决了，就剩这一点了，如果不一并解决，那不是太可惜了吗？”在商务谈判过程中，这些话看似平常，却能发挥巨大的鼓励作用，将对方拉回谈判席，推动谈判向前开展。

如果一场商务谈判涉及多项议题，谈判代表需要提前做好应对僵局的准备。假设一场商务谈判有六项议题，其中四项重要议题，两项次要议题。其中三项重要议题已经得到解决，还剩一项重要议题和两项次要议题。在商议最后一项议题的过程中，谈判陷入了僵局。面对这种情况，可以这样鼓励对方：“你看，四项难题我们已经解决了三项，如果将最后这个难题解决了，剩下的小问题就容易了。我们大家都冷静一下，再努力努力，如果现在放弃，前面所有的工作就白做了，大家都会感到遗憾的！”这番话表露出己方继续谈判的诚意，对对方有极强的鼓动作用，极有可能化解僵局，将对方带回谈判桌。

除此之外，还有一种非常有效的方法，就是陈述旧情，回顾以往的合作经历，强调合作成果，借此缓解对方的敌对情绪，打破僵局。例如，“你看，我们之前合作的两个项目都取得了不错的成绩，我们的为人你们也比较了解了，绝对不是独享成果之人，否则我们现在也不会坐在谈判桌前商议这个新项目了。所以，让我们坐下来冷静一下，一切都可以讨论、商议，如果这个项目能合作成功，相信会给两家公司带来巨大的收益。”

（2）倾听对手的意见。

在商务谈判过程中，谈判人员要专心致志地倾听对方的发言，对对方所说的每句话进行反复思考，因为对方表述的内容很有可能有隐含意义，如果不专心聆听，极有可能对对方表达的内容做出错误理解。

案例 2 中，在谈判过程中，即便一方用各种理由推卸责任，另一方始终认真聆听，没有表现出丝毫不耐烦。最终双方通过沟通发现了分歧，并秉持真诚合作的态度商讨出一套令双方满意的解决方案，使谈判取得了成功。

（3）有效退让。

在谈判陷入僵局时，如果成功合作所带来的利益大于固守原地导致谈判破裂的利益，可以考虑让步，促成合作。案例 2 中，一方在谈判过程中没有“得理不饶人”，而是以退为进，适当让步，对已有的合作关系进行调整与维护。一方让步允许另一方继续派遣技术人员进行技术改造，这一决定不仅获得了对方的主动配合，而且获得了对方的经济赔偿。对于谈判双方来说，这都是一个比较有利的结果。

（4）场外沟通。

场外沟通又称为“场外交易”“会下交易”，是一种非正式谈判，双方可以自由沟通，交换观点，化解谈判僵局。对于商务谈判过程中出现的僵局，可以使用这种方式消除隔阂，推动谈判顺利进行。

（5）避免争吵。

在商务谈判过程中，争吵对解决矛盾没有任何益处。如果在商务谈判过程中发生争吵，不仅不利于打破谈判僵局，还有可能加剧双方的矛盾。因为即便一方在争吵中胜出，另一方面也很难持有相同的意见，而且还可能因为在争吵中落败给谈判制造更多障碍，使谈判过程难以推进。所以，作为一名成熟的谈判者，一定要在谈判桌上据理力争，严禁与他人发生争吵。

恰当提问，理智辩论

在商务谈判过程中，谈判者往往会通过提问来弄清某些事实，把握对方的思想，阐述自己的意见，调整自己的谈判策略。恰当的提问不仅可以启发对手，激发对方的兴奋点，还能对谈话方向进行把控，表达自己的感受，获取自己所需的新材料、新信息。由此可见，在商务谈判过程中，恰当提问非常重要。那么，谈判双方怎样才能做到恰当提问呢？

◆ 提问的方式要适当

在商务谈判过程中，提问的方式多种多样，包括封闭式提问、开放式提问、婉转式提问、澄清式提问、探索式提问、引导式提问、协商式提问、强迫选择式提问等。谈判代表无论采用哪种提问方式，都必须符合相关的礼仪规范，具体如图 10-4 所示。

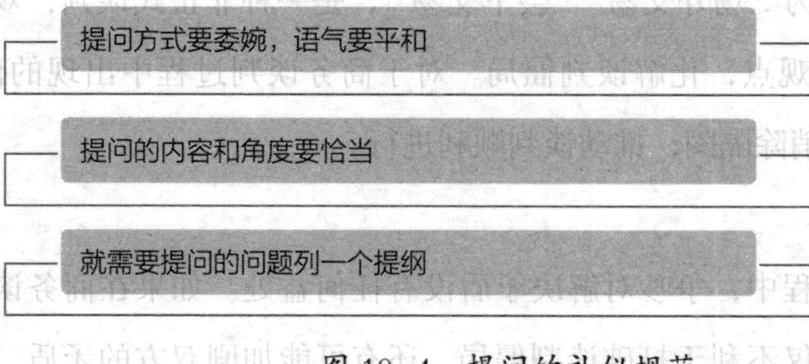

图 10-4　提问的礼仪规范

（1）提问方式要委婉，语气要平和，不能将提问变成审问，在提问的过程中切忌咄咄逼人，否则会让对方产生强烈的防备心理，给谈判协商造成障碍。

（2）提问的内容和角度要恰当，既要有针对性，又不能让对方感到太为难。如果谈判人员提出问题后发现对方面露难色，可以放弃追问，或者及时转换话题。

（3）在谈判之前，谈判代表应就需要向对方提问的问题列一个提纲，提纲越详细越好。如果没有准备地贸然提问，是不尊重对方的表现。

◆ 提问的时机要恰当

在商务谈判过程中，提问要注意时机，时机不恰当，问题再好，也很难发挥出应有的作用。提问时机的选择应遵循以下标准（见图 10–5）：

图 10–5　选择提问时机的四大标准

（1）在对方发言完毕后提问。对方发言时要认真倾听，即便发现问题也不要立即提问，可以将问题记录下来，在对方发言完毕后提问。这样不仅可以体现自己的素养，还能全面了解对方的意图，以免操之过急引起不必要的误会。

（2）在对方发言停顿、间歇时提问。在商务谈判过程中，如果对方发言过长或者离题万里，对谈判进程造成了一定的影响，可以借提问打断对方，例如，“第一个问题我们听明白了，那么第二个问题呢？”“这些细节我们以后再谈，现在谈谈你的观点好吗？”

（3）在自己发言前后提问。如果轮到自己发言，在发言之前可以就对方的发言内容进行提问，例如，“您刚才的发言说明什么问题呢？我的理解是……”或者在表达完自己的观点之后，通过提问让谈判顺着自己的思路发展，例如，“我们的基本立场与观点就是这样，您有什么看法呢？”

（4）在议程规定的辩论时间提问。很多商务谈判都会设置辩论环节，在此之前，成熟的谈判者会将谈判过程中发现的问题记录下来，认真思考，以双方之间的分歧为切入点进行提问，不问则已，一问就会切中要害。除此之外，谈判代表在提问时还要注意语速的快慢，语速太慢会耽误谈判进程，语速太快会让对方产生紧迫感，必须给对方留出足够的思考时间与回答问题的时间。

◆ 提问语言要灵活

在商务谈判过程中，语言是谈判者最有力的武器，他们借助语言表达观点、交流意见，语言运用是否得当往往决定着谈判的成败。为此，谈判人员在提问时必须注意语言的客观性、针对性与逻辑性，尤其要注意语言的规范性、灵活性，具体要求如图 10–6 所示。

图 10-6　提问语言的六大要求

（1）提问语言要文明礼貌，体现职业素养与职业道德，严禁使用粗鲁、污秽的语言攻击对方。

（2）提问语言要清晰易懂，严禁使用方言或黑话、俗语提问。

（3）提问语言要有抑扬顿挫，体现轻重缓急，在提问的过程中严禁挤眉弄眼、语音微弱或大吼大叫的情况发生。谈判代表在提问时可以利用语调变化表现决心、不满、疑虑等情绪，通过对方的语调变化洞察对方的情感变化。

（4）在商务谈判过程中，提问语言要严谨准确，尤其是在磋商阶段，谈判代表更应该使用严谨准确的语言表达自己的观点。

（5）如果提问时确实需要使用专业术语，应用简明易懂的语言对其进行解释，保证双方可以顺利沟通，不会因为理解有误出现分歧。

（6）在商务谈判过程中，提问语言应丰富、灵活、富有弹性。面对不同的谈判对手，谈判代表应使用不同的提问语言。如果对方谈吐优雅，很有修养，谈判代表的提问用语应精练、专业；如果对方的语言朴实无华，谈判代表的提问用语不需要进行修饰；如果对方非常直爽，提问用语可以直截了当。总而言之，谈判代表要根据对方的学识、气质、性格、修养等对自己的提问语言进行调整，拉近彼此之间的距离，实现平等协商。

◆ 坦诚回答、耐心倾听

一名谈判者水平的高低在很大程度上取决于其回答问题的水平。在商务谈判过程中，被提问者要秉持真诚合作的态度，实事求是地回答问题，切忌言辞闪烁，顾左右而言他。如果问题比较专业，对方对这个问题不太了解，应用浅显易懂的语言进行解释，在解释过程中要保持耐心。如果问题涉及企业的核心机密，应委婉说明，以免使谈判陷入尴尬局面。

对方回答问题时，提问方要认真倾听，不要随便插话或打断对方发言。如果一定要插话，提问方可以使用一些套话，例如，“对不起，我能打断您一会儿吗？”或“请停一下”，切忌生硬地打断对方，削弱对方的商谈兴趣。

◆ 把握好“利益”与“礼仪”的辩证关系

随着商务谈判进入讨价还价阶段，谈判双方从各自利益出发，对一系列问题进行讨论、磋商，都希望谈判向着对己方有利的方向发展。无论双方的分歧有多大，整个磋商过程必须建立在相互理解、相互尊重的基础上，把握好“利益”与“礼仪”之间的关系，不要落人笑柄，具体做法如图 10–7 所示。

图 10–7 平衡“利益”与“礼仪”关系的四大方法

（1）理智争辩，以和为贵。谈判人员必须明白一点，商务谈判重在“谈”，所有结果都是“谈”出来的。在商务谈判过程中，双方谈判代表为了维护己方利益，与对方展开唇枪舌剑，稍有不慎就会引发个人冲突，导致谈判以失败告终。所以，在谈判磋商阶段，即便要辩论，也要坚持以和为贵，理智争辩，坚持就事论事，谨防因感情用事引发冲突。

（2）事理交融，举证有力。在谈判辩论阶段，谈判代表的发言必须条理清晰，逻辑严谨，词句简洁，以理服人，主题突出，不在细枝末节上耗费太多时间。为此，在辩论之前，谈判代表必须做好准备，这种准备不仅要体现在语言方面，还要体现在思想、资料方面，真正做到“九备一说”。

（3）体态端庄，用语谨慎。在商务谈判过程中，谈判人员在用语方面有九忌，分别是忌鼓动性和煽动性；忌无理纠缠；忌抓辫子、戴帽子和打棍子；忌挖苦讽刺；忌已知的不说，新知的穷说，不知的瞎说；忌手舞足蹈，动作不检点；忌尖音喊叫；忌不顾事实狡辩或诡辩；忌鲁莽轻率。

也就是说，在谈判过程中，谈判人员必须举止端庄、彬彬有礼、宾主分明，体现自己的修养与信心；坐在座位上应双腿合拢、双手前合、上体微前俯、头微低、目视对方，表示自己愿意听取对方的意见；在倾听对方发言时可以向对方方向挪动椅子，或走过去拉近与对方的距离，让对方感知到自己的诚意，尽快达成交易。

（4）絮语软言，紧扣“死线”。“死线”指的是谈判结束时的时间线，在很大程度上决定着谈判的成败。在交易达成阶段，很多谈判者都会采用拖延战术让对方就范。在商务谈判过程中，紧扣“死线”进行谈判的方法有两种：一是强忍等待，迫使对方让步。如在谈判过程中，乙方心平气和地重复一个又一个问题，消磨对方的耐心与精力，直到对方妥协让步。二是假装糊涂。在谈判开始阶段少听多说，“明白”也说“不明白”，用这种方法“逼”对方让步，达到自己的谈判目的。

在商务谈判过程中，如果对方提出一些不合理的要求，应委婉拒绝；如果谈判出现僵局，可以暂时避开僵局问题先谈其他事宜，或者插入几句幽默的话缓解尴尬气氛。在大型商务谈判中，东道主要在合适时机提议休息，组织双方谈判人员放松一下，在闲暇的气氛中进行商谈，达成谈判。谈判结束，无论谈判结果能给己方带来多少利益，都要有礼貌地与对方握手，即便谈判结果不尽如人意，也不能无礼而散。

精准报价，灵活还价

2019 年 11 月 28 日，在国家医保谈判准入药品名单揭晓的当天，一则医保谈判组成员“灵魂砍价”的视频传遍全网，一粒 10mg 达格列净片（安达唐）的价格从 5.62 元被砍到了 4. 36 元。在这场谈判中，医保谈判组成员与药企代表讨价还价的过程堪称经典。

医保谈判组：“本次谈判的药品是达格列净片，规格是 10mg/ 片，那么相关价格，因为前期医保局已经请了很多专家进行了价格预算，就在这张纸上，我们也没看到过。反正你们可以第一轮报价，我们根据你的报价情况给你们一些提示。报价有两次，如果两次都达不到我们的心理价位，或者超出医保收费标准的 15%，就自己出局。”

药企谈判代表：“好的，我们第一轮报价是 5.62 元。”

医保谈判组：“那我觉得因为中国现在糖尿病患者不少，人口数又是世界第一，所以，我相信如果你们的药品进入我们整个医保市场之后，你们这个药品的用量应该会达到一个很高的高度，所以第二次报价的话再次提醒你一定要控制在 15% 以内。”

药企谈判代表经过一番激烈讨论与核算给出了第二次报价：“所以我们第二轮报价，报一个 4.72 元。”

医保谈判组：“4.72 元是吧？那么首先恭喜你已经纳入我们 15% 的范围内了。但是我总觉得，你这个药品是好药，而且也记入了我们的基药目录，那也是得到了我们专家认可的，所以我觉得你们的药品在这次谈判中间稍有闪失的话，可能对于老百姓也好，对于之前对你们殷切期盼的专家团队也好，都会失望很久。所以下一轮报价或者下一轮价格的下降幅度，我觉得你们可以再适当地进行考虑。”

药企谈判代表：“我们 CEO 批的价格，我们现在拿到的最低价格就是 4.62 元。过了这个价位就要打电话。”

医保谈判组：“你们跟 CEO 再去申请一下吧！给你们 5 分钟时间，好吧？”

经过一轮电话请示，药企代表给出了一个新的价格：“所以我们现在报的价格是 4.5 元。因为现在价格低了 ，只能一分一毛的算。这个价格已经比韩国还要低了。”

医保谈判组：“韩国是 4.62 元，这是全球最低价？”

药企代表：“对，对。”

医保谈判组：“那你有没有想过韩国有多少人口，中国有多少人口？所以我觉得你再拿出一个尽可能的诚意，再给我们报个价出来。”

药企代表苦涩地笑道：“那还得再打电话。”

医保谈判组：“再给你一次机会，再去打最后一个电话。”

经过第二次电话讨论与紧张的价格计算，药企代表回到谈判桌：“还是可以让，但能让的空间越来越小，所以现在报 4.4 元，再降一毛钱。”

医保谈判组：“4.4 元的话，数字 4 太多了，中国人觉得不好听。这样吧，再降 4 分钱，4.36 元，行不行？”

药企代表：“好，同意。”

经过一轮又一轮的报价与谈判，原价 5.62 元 /10mg 的达格列净片的价格下降了 1.26 元，价格比全球最低价 4.62 元 /10mg 还要低 0.26 元。这场谈判的成功离不开医保谈判组的身份优势，即他们代表国家，代表全中国所有糖尿病患者及其家庭进行谈判，也离不开谈判组成员灵活的讨价还价策略。下面，我们对商务谈判过程中的报价、还价策略进行具体分析，报价、还价的四大策略如图 10-8 所示。

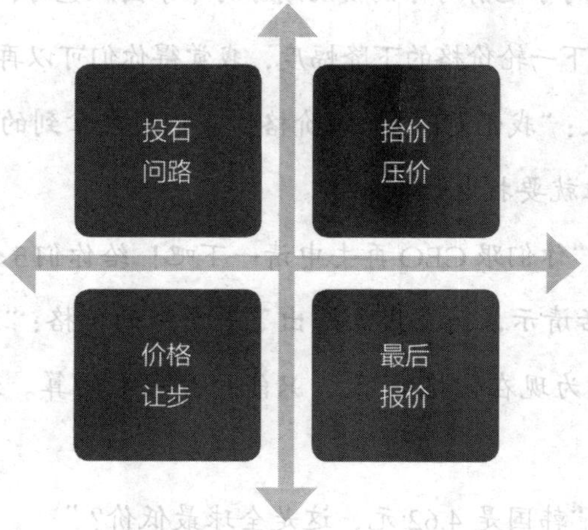

图 10-8　报价、还价的四大策略

（1）投石问路。

在商务谈判报价阶段，一方要想掌握主动权，必须尽可能地了解对方的情况，这就要用到投石问路策略。在这个案例中，医保谈判组开门见山地说道：我们的专家团队经过前提调研已经给出了一个价格，如果你们的报价达不到这个价格，或者超出医保价格的 15% 就自动出局。你们有两次机会，所以要拿出足够的诚意，不要试图随便说一个价格来诓骗我们。一开始就给药企代表一定的心理压力，尽量用最短的时间看到他们的“底牌”。药企代表也试探地给出了一个价格——5.62 元。

除此之外，在商务谈判过程中，投石问路的方法还有很多，例如：

如果我们签订1年的合同，你能给我们的价格优惠是多少？

如果我们现金支付或分期付款，你方的价格有什么区别？

如果我们提供原材料，那么成品价格是多少？

……

如果对方使用投石问路策略，我方应如何应对呢？

- 发现对方的真实意图，根据对方情况估算购买规模。
- 面对对方投出来的“石头”，我方可以回敬一个。在上述案例中，药企代表的第一轮报价就是一块石头，来试探医保谈判组的底价。发现5.62元这个价格没有进入15%的范围，第二轮立马将价格压低到4.72元。
- 对于谈判对手提出的问题，有些问题可以不立即回答，例如，“我需要向上级请示”“我们团队需要5分钟商议一下”等。有些时候，买方的投石问路可以为卖方创造良好的机会，帮助卖方发现买家的心理，针对这种心理提出更多建议，进而促成交易。

（2）抬价压价。

在商务谈判过程中，第一轮报价就拍板成交的情况屈指可数，一般都会经过几轮抬价、压价才能相互妥协，确定一个令双方都满意的价格。使用抬价压价战术的关键在于抬到多少才是对方可以接受的。一般来说，抬价要建立在科学计算、精确观察与判断的基础上。在这个过程中，谈判人员的忍耐力、能力、经验与信心非常重要。因为在讨价还价过程中，时间越久，局势越有利于有信心、有耐力的一方。

压价是对抬价的破解。如果买方先报价，可以低于预期报价，留出讨价还价的余地；如果卖方先报价，买方可以采取多种策略压价。

- 揭穿对方的把戏，指出问题的实质。在上述案例中，药企代表第一轮报价 5.62 元之后，医保谈判组没有直接戳破他们的试探意图，而是委婉地提醒道："第二次报价的话，再次提醒你一定要控制在 15% 以内。"
- 制定价格的上下限，围绕这个标准进行讨价还价。在上述案例中，医保谈判组有专家团队给出的价格，药企代表有公司 CEO 给出的底价，双方都在各自的范围内讨价还价。对于医药代表来说，医保谈判组要求的价格低于他手中的低价，就要打电话请示。对于医保谈判组来说，如果药企代表报的价格高于他手中价格的 15%，谈判就要终止，因为价格太高，没有继续谈的必要。
- 用反抬价来回击，在价格上迁就对方，但要求在其他方面获得补偿。例如"价格方面我们可以让步，但贵公司要给我们免费提供 3 年的售后服务"等。
- 召开小组会议，集思广益思考对策。如在上述案例中，在医保谈判组两次压价时，药企代表都要求打电话，这个过程就是集思广益商讨对策的过程。在主代表打电话的过程中，两位陪同人员也在紧张地计算价格，商讨对策。

（3）价格让步。

价格让步幅度与让步方的利益息息相关，理想的让步方式是逐次递减，做到让而不乱，具体措施如下：

- 每次让步都给对方一定的优惠，显示自己的诚意。例如第二轮报价直接从 5.62 元降至 4.72 元，价格下降 0.9 元，进入医保谈判组 15% 的范围内，显示了药企代表的谈判诚意。
- 让步幅度越来越小，让对方感知到我方让步的不易。例如，在上述案例中，在后面的报价中，4.72 元、4.62 元、4.5 元、4.4 元，“因为现在价格低了，所以只能一分一毛的算”，既表现出让步的艰难，又表现出我方在竭尽全力满足你方的要求。

- 最后的让步不大，提醒对方我方让步已经到了极限，不能再让了。或者最后做一次大幅度的让步，让步幅度超过前一次，向对方表示我方合作的诚意，释放出要求签约的信号。

（4）最后报价。

最后报价要掌握好时机与方式。如果谈判进入相互对峙、互不相让阶段，一方给出最终报价，无异于发出最后通牒，很有可能导致谈判以失败告终。一般来说，在双方无法就价格问题达成一致时，如果一方显露出达成协议的倾向，另一方就可以给出最终报价。例如，在上述案例中，在药企代表经过第二次打电话给出 4.4 元的价格之后，医保谈判组给出了最终价格，“再降 4 分，4.36 元，行不行？”

在商务谈判过程中，最后报价非常重要。如果对方相信，双方达成协议，谈判成功；如果对方不相信，双方无法达成协议，谈判失败。所以，在最后报价阶段，谈判代表的态度、用语非常重要。就像医保谈判组的最后报价：“数字 4 太多了，中国人觉得不好听，再降 4 分，4.36 元，行不行？”医保谈判组给出了一个非常具有说服力的理由，老百姓觉得 4 多了不好听，所以要求你再降 4 分，这个降幅不大，你们应该可以接受。最终，药企代表明白了医保谈判组的言外之意，同意了这个价格，谈判获得成功。

恪守礼仪，友善关系

甲乙两家企业就一项合作事宜进行谈判。按照礼节，甲企业的谈判代表提前十分钟到达了会议室。乙企业的谈判代表到达后，甲企业的谈判代表起立欢迎。乙企业的谈判团由三位男士、两位女士组成，都身穿正装，而甲企业的五名谈判代表，只有经理身穿正装，其他的谈判人员有的穿着夹克，有的穿牛仔服，有的甚至穿着工作服。乙企业的谈判代表看到这种情景面露不快，原本预定的一上午的谈判半小时就草草结束，谈判以失败告终。看着乙企业的谈判代表迅速离去，甲企业的谈判代表流露出不明所以的神情。

在这个案例中，从甲企业谈判代表提前十分钟到达会议室来看，他们非常重视此次谈判，而且在乙企业谈判代表进入会议室时还起立欢迎，说明他们的谈判态度非常积极。唯一的失误在于没有穿正装，而且服装过于随意，导致乙企业的谈判代表心生不快，认为甲方不重视此次谈判。其实，在商务谈判场合，谈判代表穿正装是一项基本礼仪，不仅可以展现自己的良好素养，还能向对方表示尊敬与友善，彰显自己的谈判诚意。

虽然在商务谈判过程中，谈判双方为了维护己方利益免不了要唇枪舌剑、针锋相对，但不要失了礼仪，否则即便达成协议也很难开展下一次合作，甚至有可能不欢而散，彻底失去一个合作伙伴。那么，除了基本的着装礼仪之外，在商务谈判过程中，谈判人员还应遵守哪些礼仪规范呢？

◆ 商务谈判语言礼仪

在商务谈判过程中，谈判代表使用的语言要符合以下三点要求（见图10–9）：

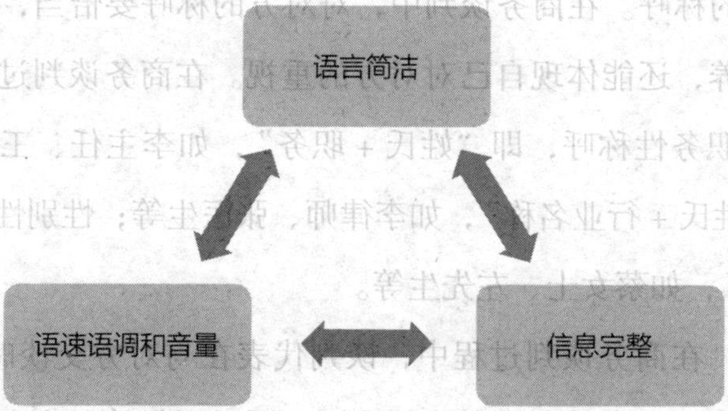

图 10-9　谈判语言的三大要求

（1）语言简洁。在谈判场上，每个人的时间都很宝贵，谈判代表在阐述观点时应尽量使用简洁的语言，节省时间，这也是尊重对方的表现。

（2）信息完整。在谈判场上，谈判代表要对所阐述的事情做出充分说明，不能故意省略一些问题，引起不必要的误会。

（3）语速语调和音量。在协商过程中，谈判代表的语速要平稳，音量要适中。当然，在特定场合，谈判代表可以通过改变语速来引起对方的注意。但正常情况下，谈判代表发言时必须保持正常的语调，保证对方可以清晰地听到自己的观点，不会因为语速过快或过慢，声调过高或过低产生反感。

◆ 商务谈判仪态礼仪

（1）点头。在协商交谈的过程中，偶尔向对方点头，表示自己在认真倾听，而且赞同他的观点。在商务谈判过程中，只有双方都进入沟通状态，谈判才能顺利开展，取得预期效果。

（2）聆听的姿态。在商务谈判过程中，谈判人员要时刻保持聆听姿态，暗示自己已经做好聆听准备。如面对讲话人站立或端坐时保持脊背挺拔，双手自然下垂或放在桌子上，目光直视讲话人，严禁双臂交叉。

（3）恰当的称呼。在商务谈判中，对对方的称呼要恰当，这一点不仅体现了自身的教养，还能体现自己对对方的重视。在商务谈判过程中，称呼方式有很多，如职务性称呼，即“姓氏＋职务”，如李主任、王经理等；行业性称呼，即“姓氏＋行业名称”，如李律师、张医生等；性别性称呼，即“姓氏＋性别称谓”，如蔡女士、左先生等。

（4）表情。在商务谈判过程中，谈判代表在与对方交谈时要保持微笑，让对方感受到自己对这种交流方式的认同。同时要保持目光交流，获得对方的认可与信任。

（5）保持距离。在商务谈判过程中，谈判代表在与对方交谈时要保持一定的距离。从礼仪层面来看，交谈时与对方的距离太远或太近都是不礼貌的行为。距离太远，会让对方认为你不愿意交谈；距离太近，又会让对方感觉自己的私人空间受到了侵犯。在商务谈判过程中，谈判双方的距离最好保持在 1.2 ～ 2.1 米，既让对方听清自己的讲话，又不至于产生疏离感。

◆ 商务谈判语言禁忌

商务谈判场合是一个比较特殊的场合，谈判人员沟通交流时必须注意一些语言禁忌。

（1）避免提及的话题。在商务谈判过程中，谈判双方所有的沟通事宜都要围绕事先确定的议题进行，严禁闲聊，如自己或他人的身体状况、收入状况、小道消息、政治事件、宗教问题等，这些问题不仅对谈判毫无益处，反而很容易引发冲突与矛盾。

（2）避免使用的语言。在商务谈判过程中，谈判双方严禁使用俚语、秽语、卖弄的语言以及歧视他人的语言，以免引起对方的反感，导致谈判无疾而终。

“君子博学于文，约之以礼”，在商务谈判过程中，“礼”字更加重要。要想保证谈判过程顺利推进，谈判人员必须恪守谈判礼仪，既要维护己方利益，又要尊重对手，彰显己方风度，为之后的交流协作奠定良好的基础。

尊重文化差异，做好跨文化沟通

案例 1

美国福特汽车公司与通用汽车公司最初进入中国市场时，正值美国政府要对中国进行制裁，要求美国在中国的合资公司不能国产化。但福特汽车公司的谈判代表在与中国企业谈判时，一开始就主动提出可以实现 50% 的国产化，通用汽车公司的谈判代表也提出可实现 60% 的国产化。鉴于这两家企业的诚意，中方代表充满信心地与其谈判，最终达成了合作协议。

案例分析：美国人热情奔放，简单直接，非常有主见。面对诚意满满的福特汽车公司与通用汽车公司的谈判代表，我方谈判代表也表现出了足够的诚意，最终获得了对方的信任，让谈判取得了成功。

案例 2

某公司要与某跨国公司就新产品开发问题进行谈判，委派销售部的张经理负责相关事宜。在谈判之前，张经理做了很多准备工作，经过几轮艰难的谈判，双方终于达成合作协议。就在正式签约那天，跨国公司的谈判代表刚进入会议室就拂袖而去，项目合作终止，张经理也因此失去了工作。

张经理事后了解到，跨国公司谈判代表拂袖而去的原因是自己将国旗位置放反了。按照中国传统礼仪，左方为上，右方为下。但按照国际惯例是右为上，左为下。这就提醒谈判代表，在涉外谈判中要按照国际惯例行事，否则很有可能功亏一篑。

在跨文化商务谈判中，因为双方谈判人员的文化背景不同，导致谈判过程比较复杂，谈判代表不仅要围绕主要议题进行讨论和交互，还要克服不同文化之间的摩擦与碰撞。所以，在跨文化谈判过程中，谈判代表必须正视文化差异及其诱发的沟通障碍，使用科学的沟通策略开展跨文化交流，保证谈判过程顺利推进，最终获得成功。

◆ 影响国际商务谈判的文化因素

在国际商务谈判中，谈判者使用的沟通方式、行为特征与其所处的文化背景密切相关。具体来看，在国际商务谈判中发挥作用的文化因素有很多，如图 10–10 所示。

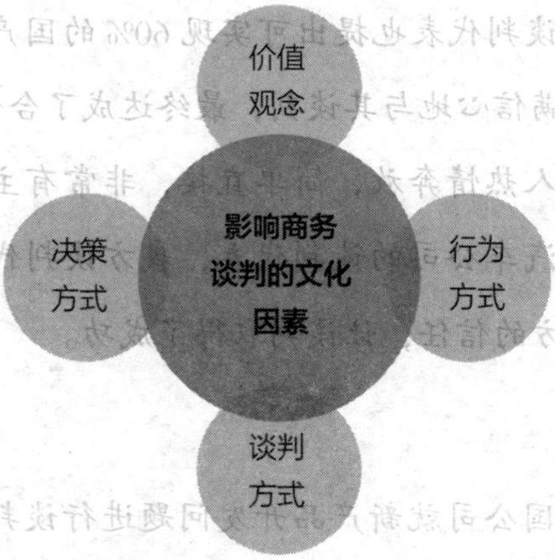

图 10–10　影响商务谈判的四大文化因素

（1）价值观念。价值观念是文化的内核，对人们的行为规范起着内在指引作用。不同的文化有不同的价值观。例如，德国人有非常严格的诚信观，对交货期限的要求非常严格，只要延误，就会执行违约条款。英国人在这方面的要求相对宽松一些。

（2）行为方式。在国际商务谈判中，一方要想明确地表达自己的意图并成功地与对方交谈，必须了解对方在人际交往中的习惯。例如，日本人在谈判中往往表现得彬彬有礼、耐心十足，但他们从不轻易显露自己的想法；美国人在谈判中充满自信，所有的表达都非常直接、直爽。

（3）谈判方式。谈判方式指的是人们在谈判过程中对所涉及问题的一般处理方式。不同文化背景下的谈判者对问题的排序有很大不同。例如，面对各项议题，法国人一般会先勾勒一个轮廓，然后达成原则协议，最终确定各项具体事宜；美国人喜欢一揽子方案，对各项议题进行全流程讨论，直到达成完整的协议。

（4）决策方式。在国际商务谈判中，面对各项复杂议题，不同国家的人有不同的决策方式。对于谈判者来说，了解这些差异有助于对对方的决策方向做出精准预测。例如，美国人重视个人主张，在决策之前会在谈判团队内部进行辩论，形成统一意见；德国人一般由公司最高层决策。

◆ 跨文化商务谈判的沟通策略

在跨文化商务谈判中，为了削弱文化对谈判结果的影响，谈判人员必须采取以下策略（见图 10–11）：

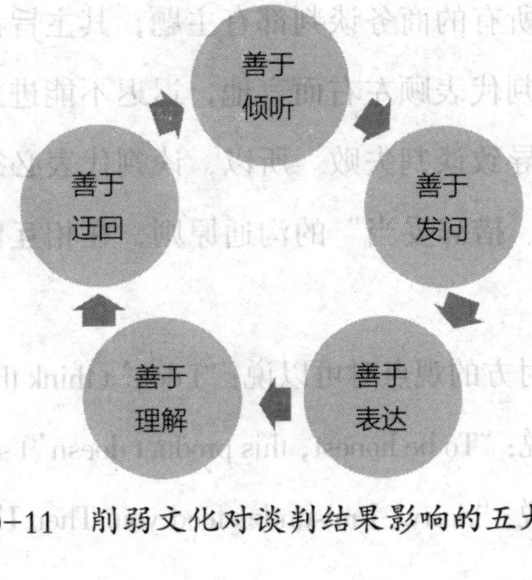

图 10–11 削弱文化对谈判结果影响的五大策略

（1）善于倾听。在跨文化商务谈判中，双方代表都希望尽可能多地获知对方信息，在谈判中占据主动地位。为此，谈判代表必须善于倾听，适时回应，鼓励对方发言。如果了解了对方的观点，可以回应："I see what you mean"。如果表示赞同，可以回应："That's a good idea" 或"I agree with you"。在谈判场上，任何一位谈判者都希望自己的想法、观点得到认可。如果你持续保持倾听与回应，就能鼓励对方深入表达，更多地了解对方的想法与需要，让对方产生被尊重、被重视的感觉。这样一来，在谈判胶着的情况下，对方极有可能率先让步。

（2）善于发问。在谈判过程中，谈判人员可通过提问获得自己亟须了解的信息，也可以对谈判前的种种判断进行验证。例如，在就某种进口货物进行谈判的过程中，一方想要了解另一方在什么条件下才能给出折扣价格，可以提问："如果我们多订 2 箱，是不是可以打九折？"对方或许会回答："如果你们订 5 箱，我们可以打七折。"通过一问一答，买方就可以对对方的心理价位做出准确判断。

另外，在跨文化商务谈判中，一方还能通过反问引起另一方的注意或者征求另一方的同意。例如，"为什么我们现在不解决这个问题呢？"或"你的意思是说，如果其他条件不变，我们可以溢价 5 美元成交，是吗？"

（3）善于表达。所有的商务谈判都有主题，其主旨都是解决问题。如果在跨文化谈判中，谈判代表顾左右而言他，迟迟不能进入主题，不仅会影响谈判效率，还有可能导致谈判失败。所以，谈判代表必须学会准确地表达自己，坚持"意思明确、措辞妥当"的沟通原则，在相互信任与理解的基础上达成合作。

例如，无法赞同对方的观点时可以说："I don't think that's a good idea"；表示明确的拒绝时可以说："To be honest, this product doesn't sell very well in China"；为了化解误会可以说："Sorry, I misunderstood you. Then I'll go with you"；等。

（4）善于理解。在跨文化谈判中，谈判人员要保持文化敏感度，对谈判风格差异进行充分考虑。例如，日本人的谈判风格比较温和，较多采用正面承诺与保证，很少使用带有威胁性、命令性及警告性的语言；法国人的谈判风格比较粗放，经常使用带有威胁、警告性质的词语，还经常在对方发言时插话以显示自己的主导地位；德国人谈判比较注重形式，如果对方称呼他时带着头衔，他就会感觉自己得到了尊重。在跨文化商务谈判中，谈判人员必须了解这些差异，以保证谈判成功。

（5）善于迂回。从本质上来看，谈判就是妥协。在跨文化商务谈判中，各方必须以利益为前提做出适当让步，这种妥协与让步表现在语言上就是使用委婉语与模糊语。例如，在商务谈判中为显示对对方的尊重，在否定对方的观点时可以说："我完全理解你，但这对我来说很难……"这种方式很容易让对方产生被尊重的感觉，从而达成一致。

对于对方提出的某些问题，如果无法立即做出答复或不便作答时，需要向对方表示礼貌或进行自我保护时，需要向对方表示劝诱说服时，都可以采取模糊处理，例如：

"我将向我们的最高管理层汇报，并将尽力为您提供一个合理的价格。"

"我们已经尽了一切努力来推动谈判向前发展。"

在上述表达中，"尽力""尽了一切努力"都属于模糊语。

在跨文化商务谈判过程中，不是所有谈判语言都必须做到准确、具体、明白。在某些特定情况下，一些模糊用语可以让自己从尴尬场面中脱身而出，这种方式比使用明白、准确的语言得罪对方要好很多。